Andreas Tögel

Schluss mit Demokratie und Pöbelherrschaft!

Über die Illusion der Mitbestimmung

LICHTSCHLAG NR. 23

LICHTSCHLAG NR. 23

Andreas Tögel

Schluss mit Demokratie und Pöbelherrschaft!

Über die Illusion der Mitbestimmung

ISBN: 978-3-939562-27-6

„Sozialismus und Demokratie sind nicht dasselbe, aber sie sind nur ein verschiedener Ausdruck desselben Grundgedankens; sie gehören zueinander, ergänzen einander, können nie miteinander in Widerspruch stehen. Der demokratische Staat ist die einzig mögliche Form der sozialistisch organisierten Gesellschaft. Weil wir die Untrennbarkeit der Demokratie und des Sozialismus begriffen haben, nennen wir uns Sozialdemokraten."

Wilhelm Liebknecht
(einer der Gründerväter der SPD)

Lichtschlag Buchverlag
Natalia Lichtschlag Buchverlag und Büroservice
Malvenweg 24
41516 Grevenbroich

Inhalt

Vorwort

Das Bekenntnis zur Demokratie ist in der westlichen Welt heute fast ebenso selbstverständlich wie einst das Bekenntnis zu Gott und das Amen in der Kirche. Heutzutage die Demokratie verleugnen oder über sie lästern zu wollen, ist eine Sünde, ähnlich wie es einstmals die Gottesleugnung und -laesterung waren. Die Demokratie ist zum neuen Gott geworden. Ihn zu verleugnen oder lächerlich zu machen ist heute ein Vergehen so schwerwiegend und schlimm wie etwa die Verbreitung von Kinderpornographie, wenn nicht noch schlimmer und gefährlicher.

Das war nicht immer so, wie Andreas Tögel im vorliegenden Buch anhand vieler Zitate aus den Zeitläuften belegt. Im Gegenteil. Abgesehen von der jüngsten Vergangenheit wurde die Demokratie von nahezu allen politischen Denkern als dem Menschen von Natur aus abwegig verurteilt und abgelehnt. Demokratie bedeutete ja nicht Selbstbestimmung. Demokratie bedeutete Mehrheitsherrschaft und mithin Fremdbestimmung. Und noch konkreter bedeutete Demokratie Demagogentum und Pöbelherrschaft.

Und selbst unter den wenigen Befürwortern der Demokratie dachte dabei niemand an das, was man heute unter dem Begriff versteht. Allenfalls dachte man an kleine Gemeinden oder Städte, in denen die Volksherrschaft zur Geltung kommen sollte. Und selbst dort sollte der größte Teil des Volkes von der Wahl ausgeschlossen sein. Niemand dachte etwa im antiken Athen daran, auch Sklaven das Wahlrecht zu gewähren. Ebenso abwegig erschien es, Frauen an demokratischen Wahlen zu beteiligen. Und selbstverständlich sollten alle besitz- und eigentumslosen Personen nicht wählen dürfen. Das Volk, an das man dachte, bestand vielmehr nur aus vermögenden Männern reiferen Alters. Die heute gängige – egalitäre – Vorstellung eines uneingeschränkten allgemeinen Wahlrechts aller erwachsenen Personen nicht nur einer kleinen Gemeinde, sondern einer ganzen, Millionen von Personen umfassenden Nation, erschien selbst diesen wenigen bekennenden Demokraten ungeheuerlich. Eine derart verstandene Demokratie, so ihre Befürchtung, müsse zwangsläufig zu einer Einrichtung verkommen, mittels derer jedermann bestrebt sein werde, auf Kosten aller anderen zu leben und sich an ihnen zu bereichern.

Dass dies in der Tat so ist, und vor allem warum ein derartiges demokratisches Treiben auf die Dauer nicht gutgehen kann und in einer wirtschaftlichen und moralischen Krise katastrophalen Ausmaßes enden muss, beschreibt und erklärt Andreas Tögel im Folgenden in aller wünschenswerten Klarheit – in einem Stil, der deutlich an die Schriften Roland Baaders erinnert.

Wie Baader, so kommt auch Tögel nicht aus dem akademisch-universitären Milieu. Er ist selbständiger Unternehmer und Privatgelehrter, so wie es auch Baader war. Wie Baader, so ist auch Tögel entscheidend geprägt durch das Studium der „Österreichischen Schule der Ökonomie“ und insbesondere der Schriften Ludwig von Mises‘. Und wie Baader, so schreibt auch Tögel deshalb nicht akademisch gestelzt, verdreht und verbrämt, sondern, zur Freude des Lesers, schwung- und kraftvoll, drastisch, plastisch und polemisch, und dabei doch immer sachlich und folgerichtig argumentizerend.

Im Unterschied zu Roland Baader – aber so wie Ludwig von Mises – ist Andreas Tögel darüber hinaus „Österreicher“ auch im landsmannschaftlichen Sinne. Sein Buch enthält darum über alle generellen Einsichten hinaus auch noch eine Vielzahl von Schmankerln speziell für den Österreicher und alle Österreichkenner und -freunde.

Hans-Hermann Hoppe

Einleitung

„Der Nachteil der Demokratie ist, dass man von Idioten und Pack gewählt werden muss, wenn man etwas verändern will.“

Wolf Biermann

Ende der 1960er Jahre sind die Spuren des letzten Weltkriegs im westlichen Teil Europas weitestgehend verschwunden. Das sogenannte „Wirtschaftswunder“ ist vollbracht. Der materielle Wohlstand nimmt rasant zu. Doch, wie sagt der Volksmund: „Wenn es dem Esel zu wohl ist, geht er aufs Eis tanzen.“ Jetzt ist es so weit. Die 68er-Bewegung macht sich auf, den von ihr gewitterten „Muff von tausend Jahren“ zu vertreiben, den „konservativen Mief“ der bürgerlichen Gesellschaft wegzublasen. Positive Alternativen hat sie nicht im Gepäck. Was sie bewegt, sind ihre Verachtung für alle traditionellen Werte, die blinde Verehrung marxistischer Verbrecher in Vietnam und auf Kuba und blanker Hass auf alles Amerikanische. Nur ein Jahr später, 1969, kündigt der frischgebackene deutsche Kanzler Willy Brandt an, „mehr Demokratie wagen“ zu wollen. Bald danach droht der in Österreich bei den Wahlen zum Nationalrat siegreiche Bruno Kreisky damit, „alle Lebensbereiche mit Demokratie zu durchfluten“. Beide Herren sind Sozialdemokraten. Beide setzen ihre Ankündigungen prompt in die Tat um und sorgen damit für einen nie zuvor erlebten Grad an Politisierung der Gesellschaft. Alles Private wird plötzlich politisch – und bleibt es bis heute. Der Grad der politischen Durchdringung der Gesellschaften hat seither sogar noch beträchtlich zugenommen.

Deutschland und Österreich stehen mit dieser Entwicklung nicht alleine da. Die politische Landschaft ganz Europas, sofern es sich nicht um die des damals noch existierenden Sowjetimperiums handelt, rückt unaufhörlich nach links. Die mit der von der Europäischen Union verfolgten Politik des „Gender Mainstreaming“ einhergehende Feminisierung Europas ist im Begriff, diesen Trend noch weiter zu verstärken, da Frauen linker Politik in stärkerem Maße den Vorzug geben als Männer.

Wenn heute über den zum Teil dramatischen Niedergang sozialdemokratischer Parteien räsoniert wird, ist die Ursache dafür nicht etwa in einer zunehmenden Zurückweisung linker Ideen zu suchen. Vielmehr spiegelt die Erosion der Sozialdemokratien den Umstand wider, dass inzwischen auch die meisten ehemals konservativen und liberalen Parteien lupenrein sozialdemokratische Positionen angenommen haben. Konservative, auf die diese Bezeichnung tatsächlich zutrifft, also Männer wie Erik von Kuehnelt-Leddihn, oder gestandene Liberale vom Schlage eines Eugen Richter, sucht man in der politischen Klasse Europas heute weithin vergeblich.

Das bleibt nicht folgenlos. Mit dem vollständigen Triumph sozialdemokratischen Denkens und Handelns geht eine stetig voranschreitende, inzwischen nahezu totale, Entmündigung des Bürgers einher. Der (sozial-) demokratische Wohlfahrtsstaat verspricht ein allumfassendes Vollkaskosystem. Das gibt es allerdings nicht kostenlos. Der Preis dafür ist nicht gering: Es ist nicht weniger als die Freiheit.

Längst geht es dem Staat nicht mehr nur um die Erfüllung jener zentralen Aufgaben, für die er einst „erfunden" wurde: um Sicherheit nach außen und im Inneren sowie um das Rechtswesen. Bezeichnenderweise versagt er sogar ausgerechnet in diesen wesentlichen Bereichen in zunehmenden Maße: Militärische Impotenz, wachsende – zu einem beträchtlichen Teil importierte – Kriminalität und schwindende Rechtssicherheit kennzeichnen heute so gut wie alle Provinzen der Europäischen Union. Das Versagen bei seinen zentralen Aufgaben kompensiert der Staat an anderer Stelle: Der demokratisch verfasste Leviathan nimmt seinen Untertanen heute selbst die Entscheidung darüber ab, wie eine Toilettenbeleuchtung und -spülung, ein Staubsauger, Toaster oder Rasenmäher beschaffen zu sein hat.

In Restaurants – also in von Privatpersonen betriebenen Etablissements – gilt längst öffentliches Recht. Das bürgerliche Recht ist dort abgeschafft. Wirt und Gäste sind nicht mehr länger berechtigt, freie Vereinbarungen über Art und Qualität der zu erbringenden Dienstleistung zu treffen – etwa hinsichtlich der angebotenen Speisen und deren Bestandteilen, oder bezüglich der herrschenden Luftqualität. Ob geraucht wird oder nicht, entscheidet nicht mehr der Hausherr, sondern die Zentralbürokratie. Der Wirt ist nicht mehr berechtigt, eine „Raucherlounge" einzurichten. Ihren Gästen einen solchen Service zu bieten, wurde ihnen per Dekret verboten (in Österreich bestehen noch kleine Ausnahmen, die schon bald verschwinden werden).

Die herrschende Klasse im demokratisch legitimierten Gouvernantenstaat duldet keine selbstbestimmten Entscheidungen ihrer Untertanen. Zunehmend maßt sie sich an, die Menschen vor sich selbst – und vor den Folgen ihres vermeintlich stets fehlerhaften Handelns zu beschützen. Die Führer des demokratischen Staates wissen immer alles besser als die Betroffenen selbst. Die Bürger haben daher hinzunehmen, dass „Big Brother" sich auch in höchst persönlichen und privaten Belangen zu ihrem unduldsamen Vormund aufschwingt – nur zu ihrem Besten, versteht sich.

Keinem Monarchen zur Zeit des Absolutismus ist es, allenfalls von Fragen der Religion abgesehen, jemals eingefallen, derart umfassend ins Privatleben seiner Untertanen einzugreifen, wie es demokratische Regimes heute mit größter Selbstverständlichkeit zu tun pflegen. Die vergleichsweise minimalen Mittel, die Kaisern und Königen zur Verfügung standen, hätten es ihnen gar nicht erlaubt, das für die Durchsetzung der heute üblichen paternalistischen Übergriffe erforderliche Personal zu bezahlen. Die vom Volk zu schulternden Steuerlasten waren folglich, gemessen an heutigen Verhältnissen, geradezu lächerlich niedrig. Hätten die Fürsten mehr gefordert, wären sie wohl recht bald davongejagt oder um einen Kopf kürzer gemacht worden.

„Das beste Argument gegen die Demokratie ist ein zehnminütiges Gespräch mit einem x-beliebigen Wähler."

Winston Churchill

Die Gleichgültigkeit, mit der die Bürger gegenwärtig ihre immer weiter fortschreitende Entmündigung und Ausplünderung hinnehmen, ist verblüffend. Dies umso mehr, als es im Gegensatz dazu in der Vergangenheit schon wesentlich harmloserer Anmaßungen wegen zu folgenschweren Steuerrevolten kam. Man denke etwa an die Erhebung der Boston Tea Party gegen die britische Krone anno 1773, die am Ende zur Amerikanischen Revolution führte. Damals ging es um eine recht unbedeutende Verbrauchssteuer auf ein Genussmittel. Heute hingegen werden selbst Enteignungsquoten widerstandslos akzeptiert, die bereits zwei Drittel der Einkommen übersteigen. Die Herrschenden haben es seither offensichtlich bestens verstanden, die Urteilskraft ihrer Untertanen massiv zu trüben. Es ist ihnen gelungen, Steuern von extremer Höhe und konfiskatorischem Charakter – kontrafaktisch – als Ausdruck eines hohen Zivilisationsgrades zu verkaufen. Über die Verwendung seines Einkommens nicht mehr selbst bestimmen zu dürfen, hat mit Zivilisation indes wesentlich weniger zu tun als mit Freiheitsberaubung! Zugleich wird, unter Hinweis auf die ständig komplexer werdende Welt, eine unaufhörliche Flut neuer Regelungen, Ge- und Verbote gerechtfertigt, die den Bürger schleichend entrechten.

Die von der politischen Klasse zu diesem Zweck angewandte Salamitaktik hat offensichtlich Erfolg: Einerseits sind es ja stets nur unbedeutende Kleinigkeiten, die der Leviathan zur Entscheidung an sich zieht. Andererseits brauchen die direkten Steuern meist nicht unter großem Getöse nominell erhöht zu werden. Zusätzliche Steuereinnahmen gewinnt der Fiskus – völlig unauffällig – durch die „kalte Progression". Oder – noch eine Spur eleganter – mittels der staatlich gesteuerten Geldinflation. Diese besonders tückische Form der Vermögensentwertung und Enteignung hat für die Regierung den gewaltigen Vorteil, nicht ihr, sondern regelmäßig „profitgierigen Unternehmern" und „gewissenlosen Bankern" angelastet zu werden.

Kein einziger dieser hoheitlichen Übergriffe erscheint, für sich genommen, schwerwiegend genug, um größere Aufregung auszulösen. Wegen einer Duschkopfverordnung, einer Abwassergebührenerhöhung oder einer weiteren Geldmengenausweitung bricht schließlich niemand eine Revolte vom Zaun. So kann die politische Klasse ihr die Freiheit zerstörendes Werk ungehindert fortsetzen und laufend verstärken.

„Wir beschließen etwas, stellen das dann in den Raum und warten einige Zeit ab, was passiert. Wenn es dann kein großes Geschrei gibt und keine Aufstände, weil die meisten gar nicht begreifen, was da beschlossen wurde, dann machen wir weiter – Schritt für Schritt, bis es kein Zurück mehr gibt."

Jean-Claude Juncker

Doch die Summe von ausufernden Regulierungen und exzessiven Tributforderungen führt allmählich zu einer dramatischen Transformation der Gesellschaft. Die springt allerdings erst dann ins Auge, wenn man den Blick auf weiter zurückliegende Zustände – und das Maß der damals noch herrschenden Freiheit – richtet und mit der heutigen Lage vergleicht. Dann wird offenbar, wie viele Entscheidungen – und seien es die über die Menge des auf der Toilette verbrauchten Spülwassers oder die Verwendung der Früchte seiner Arbeit – der Staat dem Bürger bereits abgenommen hat – zum Teil sogar vollständig.

Dass die Steuerquote in Österreich von 1970 bis heute um rund zehn Prozentpunkte gestiegen ist, ohne dass es darüber auch nur den geringsten Disput gegeben hätte, spricht Bände. Das fünfte Kapitel ist der Suche nach Erklärungen für diese erstaunliche Tatsache gewidmet.

Bis zu welchem Grad an Entrechtung und Ausbeutung kann ein Individuum noch als „frei" gelten? Ist ein Mensch nicht längst zum Sklaven herabgesunken, wenn es ihm nicht mehr gestattet ist, wenigstens die Hälfte der Früchte seiner Arbeit zu behalten? Auch wenn sich die wenigsten privatwirtschaftlich Erwerbstätigen dessen bewusst sein dürften, ist das längst der Fall. Aber warum regt das keinen auf?

„Die glücklichen Sklaven sind die erbittertsten Feinde der Freiheit!“

Marie von Ebner-Eschenbach

Nichts von einigem Belang bleibt gegenwärtig der Entscheidung der vom demokratischen Kollektiv beauftragten Nomenklatura entzogen. Bildung, Ausbildung, Wohnen, Arbeit, Gesundheit, Daseinsvorsorge, Eigentum – alles unterliegt mehr oder weniger vollständig der Regelung durch den Staat. Alle, wirklich alle entscheidenden Lebensbereiche werden heute bis ins Detail von der hohen Politik bestimmt. Auch dass der moderne Wohlfahrtsstaat zunehmend aggressiv nach den Kindern greift, passt ins Bild. Kindergartenpflicht, Ganztagsschule, Ausdehnung der Schulzeiten – allesamt Maßnahmen, die den Nachwuchs frühzeitig seinen Eltern entfremden und erlauben, ihn umfassend im Sinne der herrschenden Ideologie zu indoktrinieren.

„Das Desaster der Demokratie wird erst dann offensichtlich, wenn deren Versprechen völlig erfüllt worden sind"

Nicolás Gómez Dávila

Ein Zurück scheint es bei alledem nicht zu geben. Wir haben es mit einer Entwicklung zu tun, die im Maschinenbau durch eine sogenannte Sperrklinke sichergestellt wird: Dabei handelt es sich um ein mechanisches Bauteil, das eine Bewegung in nur einer vorbestimmten Richtung zulässt. Ob es sich nun um einen Schiffsanker oder um eine der großartigen „sozialen Errungenschaften“ des Wohlfahrtsstaates handeln mag: Eine erst einmal erreichte Position wird – dank des „Sperrklinkeneffekts“ – nicht wieder preisgegeben. Besonders dann nicht, wenn die Initiatoren politischer Programme schlau genug sind, zu behaupten, sie seien „sozial“.

Das vorliegende Buch ist nicht allein der Bestandaufnahme oder einer Diagnose des Gesellschaftszustands in der Spätzeit der mit der totalitären Versuchung kokettierenden Wohlfahrtsdemokratien gewidmet. Es soll damit auch ein Versuch unternommen werden, Auswege und Alternativen zu benennen.

Wo liegen die Grenzen der Regelungswut des modernen, demokratischen Staatswesens? Gibt es solche Grenzen überhaupt? Liegt es etwa im Wesen der Demokratie, langfristig alles Private zu unterdrücken, ja auszurotten? Sollen am Ende auch noch der Stuhlgang und die Auswahl des Ehe- oder Sexualpartners vom Staat gesetzlich geregelt werden? Darf die Mehrheit jederzeit und alles entscheiden, wie sie es für richtig hält? Das „Recht" der Demokratie ist schließlich allein durch den Entscheid der Mehrheit „legitimiert".

Wenn also A und B sich darauf verständigen, ihre Mehrheit über C dazu zu nutzen, ihm ein bestimmtes Verhalten aufzuzwingen oder ihm sein Eigentum zu nehmen, ist dagegen unter demokratischen Bedingungen nichts einzuwenden. Recht ist nicht länger – wie in einer Monarchie von Gottes Gnaden – auf göttliche Gebote, das Naturrecht oder auf moralisch-ethische Erwägungen gegründet. Der Wille der Masse allein – der an keinerlei Voraussetzungen oder Randbedingungen gebunden zu sein braucht – gibt den Ausschlag. Allein Mehrheit schafft Recht.

„Bei großen Körperschaften ist das Irren viel wahrscheinlicher als bei Individuen. Die Leidenschaften werden durch Sympathien entflammt, die Furcht vor Strafe und das Schamgefühl werden durch Teilung gemindert. Täglich sehen wir Menschen für ihre Partei Dinge tun, die sie für sich selbst nie im Leben täten."

Thomas Babington Macaulay, 1. Baron Macaulay of Rothley

Nicht die Qualität der Entscheidungsträger, ihre Kenntnisse, ihre bereits erbrachten oder künftig von ihnen zu erwartenden Leistungen für die Gesellschaft sind von Bedeutung. Allein ihre schiere Quantität genügt. Denn das demokratische Dogma postuliert, dass – allen Erfahrungen und besseren Einsichten zum Trotz – 100 Dummköpfe oder moralisch fragwürdige Subjekte jederzeit klügere, wertvollere und für die Gesellschaft vorteilhaftere Entscheidungen zustandebringen als ein verdienter, weiser Mann.

Der französische Jurist Alexis de Tocqueville erkannte auf einer im Auftrag seiner Regierung unternommenen Studienreise durch die USA schon früh die von einem demokratischen System mit allgemeinem Stimmrecht ausgehende Gefahr einer Diktatur der Mehrheit. [1]

Diese Gefahr wird durch die stetige Ausweitung des Kreises der Wahlberechtigten nicht kleiner – ganz im Gegenteil. In Österreich etwa dürfen schon 16-jährige Jugendliche wählen – also nicht voll rechtsfähige Personen. Soll damit tatsächlich eine Steigerung der Abstimmungsqualität einhergehen? Oder geht es nur um die Korrumpierung eines zusätzlichen Personenkreises, mittels der Zuerkennung eines Rechts, dem keinerlei Verantwortung gegenübersteht?

Augenscheinlich geht es um die Bindung der Jugend an den ebenso allsorgenden wie allmächtigen Leviathan. Denn da selbständiges Denken und Handeln es ermöglichen würden, sich von ihm zu emanzipieren, ja am Ende sogar – zumindest geistigen – Widerstand zu leisten, wenden staatstragende Kreise, die allesamt zu den Profiteuren des malignen Wachstums sämtlicher Staatsaktivitäten gehören, all ihre Kraft dafür auf, dass das möglichst nie passiert.

„Demokratie ist, wenn zwei Wölfe und ein Schaf entscheiden, was es zu essen gibt.“

Thomas Jefferson

Die – im Gegensatz zu den Verhältnissen in den USA – in der politischen Realität Deutschlands und Österreichs faktisch vollständig fehlende Gewaltenteilung bewirkt – Hand in Hand mit einer erschreckend weitgehenden Korruption eines großen

Teils der Massenmedien – eine unheilvolle Machtkonzentration in den Händen einer beamteten Nomenklatura. Die interessiert sich nicht im Geringsten für das Leben außerhalb geschützter Werkstätten und verfügt daher auch über keinerlei Kenntnisse darüber.

Kann ein Gemeinwesen erfolgreich von Personen geführt werden, die von den Herausforderungen keine Ahnung haben, die das Leben der Normalsterblichen bestimmen? Ist ein von der in Sonntagsreden so häufig beschworenen „Basis" völlig entfremdetes Parlament tatsächlich eine geeignete Gesetzgebungskörperschaft?

Kann schließlich die völlige Entkoppelung von Recht auf der einen, Verantwortung und Haftung auf der anderen Seite die Basis eines dauerhaft stabilen Gesellschaftssystems bilden? Ist das insbesondere dann möglich, wenn diese Entkoppelung sowohl auf seiten der Wählenden als auch der Gewählten erfolgt – beide Seiten also weder für ihre Absichten noch für ihr Verhalten zur Rechenschaft gezogen werden können? Wenn nein – wie könnte das gegenwärtig praktizierte Demokratiemodell saniert werden? Und – falls sich eine Reform des bestehenden Systems als unwahrscheinlich oder gar unmöglich herausstellen sollte: Wie könnten die möglichen Alternativen aussehen?

Erstes Kapitel
Das demokratische Paradoxon

„Demokratie ist eine Regierungsform, die die Anordnungen einiger Korrupter durch die Beschlüsse vieler Inkompetenter ersetzt."

George Bernard Shaw

Was scheinbar „schon immer" da war, bestimmt in entscheidendem Maße das Denken der Menschen. Dass der Staat, neben vielem anderen, für Gesundheitswesen und Bildung zu sorgen hat, scheint daher sonnenklar. Wer sonst sollte es tun? Hätte der Leviathan – anstatt des Gesundheitssystems – einst die Textilproduktion an sich gerissen, würde jedermann es als selbstverständlich erachten, dass er seine Hemden, Jeans und Strümpfe von einem Staatskombinat namens „Jeder nach seinen Bedürfnissen" zugeteilt bekommt, andernfalls er nackt herumlaufen müsste.

Dass nur ein staatliches Gütesiegel Qualität garantiert, und ausschließlich staatliche Kontrollmaßnahmen sicherstellen, dass überall alles mit rechten Dingen zugeht, steht für die Masse außer Frage. Milton Friedman prägte einst den Begriff der „Tyrannei des Status quo", der diesen Sachverhalt beschreibt.

Nicht anders verhält es sich mit der Regierungsform, wenn sie nur lang genug praktiziert wird. Die Demokratie wird – mit überschaubar langen Unterbrechungen – selbst in Deutschland und Österreich seit immerhin nahezu 100 Jahren praktiziert. Der Großteil der heute lebenden Zeitgenossen hat weder Monarchie noch Diktatur erlebt. Beides liegt für sie daher ähnlich weit zurück wie die Kleine Eiszeit, Pestepidemien und Bauernkriege. Im Bewusstsein der überwiegenden Mehrzahl der Zeitgenossen westlicher Gesellschaften entzieht sich die Demokratie – oder vielmehr das, was sie dafür halten – jeder Kritik. Etwas anderes war ja scheinbar nie da und ist demnach auch gar nicht vorstellbar. Dass Demokratie keineswegs „alternativlos“ ist, dass jenseits der Massendemokratie Gesellschaftsorganisationsformen denkbar sind, die dem Einzelnen entscheidend aussichtsreichere Möglichkeiten zum Streben nach Glück einräumen, scheint undenkbar.

Die Demokratie ist einfach unschlagbar, wenn nicht sogar etwas Heiliges. Niemals hat die Menschheit etwas Großartigeres erdacht. Wer sich nicht vorbehaltlos zu ihr bekennt, steht am Rande, wenn nicht außerhalb der zivilisierten Gesellschaft. Wer Kritik an der Demokratie übt, tickt nicht ganz richtig, ist ein anarchistischer Spinner oder macht sich offen oder heimlich für eine Diktatur stark. Oder er gehört gar zu jenem lächerlichen Haufen nostalgischer, meist seniler alter Narren, die das Jahr 1918 gedanklich nie überwunden und den Traum von einer Restauration der Monarchie noch immer nicht ausgeträumt haben.

„Von einer Demokratie kann nur gesprochen werden, wenn sie auch in Frage gestellt werden darf. Wo dies nicht der Fall ist, herrscht lediglich die Diktatur eines Dogmas von einer bestimmten Form der Demokratie als der allein ethisch zulässigen Staatsform.“

Wilhelm Schwöbel

Dass Demokratien – und zwar mit erschreckender Regelmäßigkeit – dazu neigen, durchaus, um es euphemistisch auszudrücken, suboptimale Ergebnisse zu liefern, wird, wenn überhaupt, nur widerwillig zur Kenntnis genommen. Die viel geschmähten Herren George W. Bush, Silvio Berlusconi, „Tricky Dick“ Nixon, Robert Mugabe oder der Gottseibeiuns jedes aufrechten Demokraten, Adolf Hitler – respektive die beachtlichen Fehlleistungen oder Verbrechen zur Zeit ihrer Herrschaft –, sind oder waren indes allesamt Produkte lupenrein demokratischer Prozesse. Gläubige der zeitgeistigen Religion des Demokratismus hören das nicht gerne. Bei der Kür der „Falschen“ in Spitzenämter handelt es sich lediglich um Pannen, die immer einmal passieren können – und die einfach hinzunehmen und auszuhalten sind.

Dass bis heute kein zuverlässig wirksamer Mechanismus existiert, der verhindern kann, dass eine Tyrannei mit demokratischen Mitteln installiert wird; dass das herrschende System sich strukturell durch nichts von jenem zur Zeit der Weimarer Republik unterscheidet – und zwar nirgendwo in Europa, regt augenscheinlich niemanden auf.

Die von Montesquieu erdachte Vorstellung von der „Gewaltenteilung“ mag aus der Sicht seiner Zeit durchaus Sinn gehabt haben, als verschiedene Kräfte der Gesellschaft, Krone, Adel, Klerus und Bürgertum, die Legitimation ihres politischen Einflusses und ihrer Macht aus unterschiedlichen Quellen schöpften. Sie alle entstammten de facto verschiedenen Welten. In einer demokratischen Gesellschaft dagegen, in der ein hypothetischer „Gemeinschaftswille“ einen fiktiven „Gesellschaftsvertag“ konstituiert, der alle Mitglieder der Gesellschaft (gewaltsam) gleichmacht, ist eine Gewaltenteilung indes kaum sinnvoll realisierbar.

So sorgfältig ausgeklügelt die von den Gründervätern der USA formulierte Verfassung auch sein mag: Selbst dieses scheinbar absolut wasserdichte System von Checks and Balances krankt an der Tatsache, dass alle relevanten politischen Institutionen ihre Legitimation lediglich auf einen „demokratischen Auftrag“ gründen, der letztlich von ein und demselben Kollektiv – dem der Wähler – ausgeht. Es ist daher, als ob verschiedene Abteilungen desselben Unternehmens einander gegenseitig kontrollieren würden. So etwas indes kann niemals dauerhaft funktionieren! Wer je in einem Großunternehmen tätig war, weiß, dass eine wirkungsvolle Kontrolle nur von außerhalb des Betriebes erfolgen kann. Nicht umsonst existieren unabhängige Treuhänder, die Unternehmensprüfungen vornehmen.

In der politischen Praxis der USA scheint es so zu sein, dass kein einziger Artikel der Verfassung nicht bereits vielfach gebrochen worden wäre. In keinem einzigen Fall ist es deshalb zu einer folgenschweren Verfassungskrise gekommen. Der Wert einer Verfassung ist daher meist geringer als der des Papiers, auf dem sie geschrieben steht…

„Die Verfassung gleicht einem Keuschheitsgürtel, von dem die Lady selbst den Schlüssel hat: Wenn sie der Gewinnerkoalition nicht passt, wird man Wege finden, sie zu umgehen oder zu ändern.“

Anthony de Jasay

Es besteht keinerlei Anlass, die Stabilität unserer demokratischen Ordnung als sonderlich hoch einzuschätzen. Die Ereignisse nach den Anschlägen vom 11. September 2001 in New York und Washington haben drastisch vor Augen geführt, wie entschlossen und rücksichtslos die gewählten politischen Eliten die erste sich bietende Gelegenheit dazu nutzen, ihre Macht schlagartig und entscheidend auszudehnen und grundlegende Freiheitsrechte zu beschneiden oder abzuschaffen. Einige weitere, sorgsam geplante und ausgeführte Terroranschläge, ein paar wirtschaftlich richtig miese Jahre mehr, garniert mit einigen zusätzlichen Beweisen dafür, dass ein massendemokratisches System dagegen ja doch nichts ausrichten kann – und schon wird der Ruf nach dem „starken Mann“ wieder laut werden. Denn wer mit seiner Freiheit nichts (mehr) anzufangen weiß, wünscht sich stattdessen Sicherheit und die Führung durch eine harte Hand. Schätzt man seine eigene Freiheit als geringwertig ein, sollen auch andere nicht darüber verfügen können. Seltsamerweise regt das alles die ansonsten so sensible, wachsame und jederzeit empörungsbereite Kaste der (Staats-) Intellektuellen nicht im Geringsten auf.

Demokratie ist eines der möglichen Verfahren zur Bestimmung der Regierung, wobei anstatt einer Wahl auch ein Losentscheid in Frage kommen würde, wie man ihn in der Antike gebraucht hat. Nicht mehr und nicht weniger. Sie besitzt keinerlei eigenen Wert. Sie ist lediglich ein Modus operandi, ein Mittel zum Zweck. Diese Tatsache wird gerne verdrängt. Während die meisten großen Philosophen sie, etwa der immanenten Gefahr wegen, zur Tyrannis zu entarten, ablehnen, haben andere verdiente Männer, wie Karl Popper oder Friedrich August von Hayek, ihr immerhin zugestanden, unblutige Machtwechsel zu ermöglichen. Da ist, zumindest unter idealen Bedingungen, die in der Realität allerdings selten bis nie auftreten, schon etwas dran. Wahr ist: Monarchien haben ein nahezu unlösbares Nachfolgerproblem: Auf einen weisen und maßvollen Herrscher wie Marc Aurel folgt eben – ein Commodus. Dagegen ist kein Kraut gewachsen. Dieses Problem immerhin scheint in der Demokratie gelöst zu sein.

Heutzutage kreist das mit dem Begriff der Demokratie verbundene Denken so gut wie ausschließlich um die Wahl – um den zum Ritual gewordenen Prozess der Abstimmung durch das Volk. Der Wahlakt ist von zentraler Bedeutung. Wahlen sind zum Hochamt der Demokratie avanciert – sehr im Gegensatz zu den Bedingungen an ihrer Wiege in der attischen Antike. Wochen und Monate vor und nach einer Wahl kennen die Medien kein anderes Hauptthema. Jede Wahl wird zur Schicksalsentscheidung erklärt. Nicht das, was unter Berufung auf den mit der Stimmabgabe verbundenen „Wählerauftrag" von den Gewählten in der Folge getan wird, sondern der Wahlakt selbst steht im Mittelpunkt des Interesses. Wer nicht zur Wahl geht, ist ein mieser Demokrat, ein Idiot, ja schlechterdings ein Verräter. Dass es in unserer gottlosen Zeit als Blasphemie gilt, Sinn und faktische Konsequenz von Wahlen in Frage zu stellen, ist keineswegs Ironie, sondern konsequenter Ausdruck der Logik der neuheidnischen Religion des Demokratismus.

„Würden Wahlen etwas ändern, hätte man sie schon längst abgeschafft"

Bertolt Brecht

Dass die Wahlbeteiligung, wohin man auch blickt, ständig sinkt, darf nicht etwa als Ausdruck einer veritablen Vertrauens-, ja Systemkrise gewertet werden, keinesfalls! Auch nicht als logische Konsequenz aus der Erkenntnis, dass Wahlen selten oder niemals etwas ändern. Schon gar nicht wegen der schwer zu ertragenden Zumutung, allenfalls für das „kleinste Übel" votieren zu dürfen, weil keine einzige der wahlwerbenden Gruppen es schafft, positive Wahlmotive zu liefern. Die Jämmerlichkeit einer negativen Entscheidung für das „kleinste Übel" ist aber kaum zu überbieten und stößt folglich viele Stimmbürger ab. Daher gibt es nicht wenige unter ihnen – und ihre Zahl nimmt laufend zu – die es hartnäckig ablehnen, ein Übel zu wählen – und sei es noch so klein. Diese Menschen ziehen es am Wahltag vor, zu Hause zu bleiben und ihre Stimme nicht abzugeben, sondern zu behalten...

Aus der Sicht der Herrschenden, die gerne von der „Legitimation" schwadronieren, die der Wähler ihnen angeblich beschert, manifestiert sich in einer geringen Wahlbeteiligung indes die angeborene und leider nie überwundene Dummheit des Wahlvolks. Diese Undankbaren wissen die gewaltigen Anstrengungen einfach nicht zu würdigen, die von der sich selbstlos aufopfernden Politelite unermüdlich erbracht werden. Andererseits: Solange noch immer mehr als die Hälfte der Wahlberechtigten den Weg in die demokratische Bedürfnisanstalt (die Wahlzelle) findet, fühlt sich die parasitär lebende Politikerkaste immer noch hinreichend „legitimiert". Es darf allerdings unterstellt werden, dass auch eine Wahlbeteiligung von unter 20 Prozent die Classe Politique nicht davon abhalten würde, daraus ihre wasserdichte demokratische Legitimation abzuleiten.

An dieser Stelle sei der amerikanische Sklavereigegner und Anarchist Lysander Spooner zitiert, der in einem 1867 publizierten Aufsatz mit dem Titel „No Treason" [2] Folgendes ausführt:

„In Wahrheit kann die Wahlbeteiligung nicht als Beweis der Zustimmung angesehen werden. Im Gegenteil, es muss bedacht werden, dass ein Mensch sich, ohne dass seine Zustimmung erfragt worden wäre, von einer Regierung umringt findet, der er nicht widerstehen kann; einer

Regierung, die ihn zwingt, unter Androhung schwerer Strafen Geld zu zahlen, Dienste zu erbringen und auf die Ausübung vieler seiner natürlichen Rechte zu verzichten. Er sieht auch, dass andere Menschen diese Tyrannei durch den Gebrauch der Wahlurne über ihn praktizieren. Er sieht ferner, dass er, wenn er die Wahlurne selber benutzt, einige Chancen hat, sich von der Tyrannei durch andere zu befreien, indem er sie seiner eigenen unterwirft. Kurz, er findet sich ohne seine Zustimmung in einer Situation, wo er Herrscher werden kann, wenn er die Wahlurne benutzt, und wo er Sklave werden muss, wenn er sie nicht benutzt. Er hat keine andere Alternative als diese beiden. In einem Akt der Selbstverteidigung versucht er die erstere. Sein Fall ist analog zu dem eines Menschen, der in eine Schlacht gezwungen wurde, wo er entweder andere töten muss oder selber getötet wird. Daraus, dass ein Mensch das Leben seiner Gegner nimmt, um sein eigenes Leben in der Schlacht zu retten, kann nicht geschlossen werden, dass er diese Schlacht selber gesucht hat.“

Lysander Spooner

Von einer „Legitimation“ der demokratischen Politik kann demnach keine Rede sein. Nach Spooners überzeugender Argumentation gleicht der Wahlakt vielmehr einer Notwehrhandlung. Ein höchst interessanter Gedanke, wenn man die unserer Tage für die Teilnahme an der Wahl ins Treffen geführten Argumente bedenkt: „Nur wer zur Wahl geht, kann etwas bewirken. Wer nicht wählt, überlässt anderen die Entscheidung. Tust Du´s nicht, tut´s ein anderer.“ Dass nicht wenige Bürger der Wahlzelle fernbleiben, weil sie es einfach ablehnen, dieses dubiose Spektakel, wie auch das politische System in seiner Gesamtheit, zu legitimieren, kommt orthodox Demokratiegläubigen erst gar nicht in den Sinn. Wer Wert darauf legt, aufrecht stehend in den Spiegel zu blicken, ohne sich vor dem gebotenen Bild zu ekeln, verzichtet daher unter den gegebenen Bedingungen gerne auf die Teilnahme am Wahlritual. Immerhin kann man seinen Enkeln auf die Frage: „Warum hast du damals mitgemacht?" dann zur Antwort geben, dass man genau das eben nicht getan hat…

In der Anonymität der Wahlzelle kommt es – wenn auch nur für wenige Sekunden – zur Metamorphose des geknechteten und ausgebeuteten Untertanen zum Souverän. Hier und jetzt ist er – so hat man es ihm seit dem Kindergarten eingebleut und davon ist er folglich auch überzeugt – Machthaber. Hier darf er, unerkannt, versteht sich, nach Art eines Analphabeten ein Kreuzchen malen, mit dem er einer Partei, einem Abgeordneten, einem Bürgermeister oder einem anderen Funktionsträger, der ihn in der Mehrzahl der Fälle niemals zu Gesicht bekommen wird, einen nicht näher definierten politischen Auftrag erteilt. In diesem profanen Kult des Kreuzmachens erschöpft sich in der Massengesellschaft unserer Tage auch schon das Zutun des gemeinen Untertanen zum demokratischen Schauspiel. Für die nächsten Jahre muss er – tatenlos und ohnmächtig – hinnehmen, was der siegreich aus der Wahl hervorgehende Klüngel von Berufspolitikern ihm bietet, oder besser: ihm antut. Seine Mitwirkung an den seinen Horizont ohnehin weit übersteigenden Staatsgeschäften ist nicht gefragt – ganz im Gegenteil. Seine vornehmste Pflicht nach der Wahl ist das Maulhalten. Sofern er zu den Leistungsträgern und Nettosteuerzahlern gehört, die im Wohlfahrtsstaat zu einer stetig schrumpfenden Minderheit werden, hat er zudem gewaltige und unentwegt steigende Tribute an den Fiskus abzuführen.

Wer seine Stimme einer der unterlegenen Fraktionen gegeben hat, ist besonders dumm dran: Wehe den Besiegten! Ein wirkungsvoller Minderheitenschutz existiert nämlich nicht. Den kann keine noch so ausgeklügelte Verfassung bieten – selbst die US-amerikanische nicht. Besondere, wenn auch jederzeit widerrufliche, Schutzrechte genießen in der modernen Massendemokratie nur jene gesellschaftlichen (Rand-) Gruppen, die es verstanden haben, sich auf die eine oder andere Art geschickt zu Opfern zu stilisieren.[3] Das haben die immer weniger werdenden Unternehmer und leitenden Angestellten im Lande – also die für das Funktionieren der Wirtschaft eines Landes entscheidenden Leistungsträger und traditionell zusammengesetzten Familien mit einem Alleinverdiener und mehr als zwei Kindern – niemals geschafft.

Gegen diese Minderheit der Produktiven, Nettosteuerzahler und „Nur-Hausfrauen" wird von den Sozialisten in allen Parteien gehetzt, was das Zeug hält. Wer mehr besitzt als der Durchschnitt oder – als nicht erwerbstätige Hausfrau – dem Leviathan keinen Tribut abliefert, ist in einem egalitären Gemeinwesen grundsätzlich verdächtig. Wirtschaftlich Erfolgreiche stehen permanent unter Generalverdacht. Da die Masse unfähig ist – und/oder durch horrende Steuern daran gehindert wird –, selbst Vermögen zu bilden, müssen diejenigen, die es doch geschafft haben, sich dazu mutmaßlich unlauterer Mittel bedient haben. Als völlig in Ordnung dagegen gilt es, gegenleistungsfrei Transferleistungen zu beziehen – und das nicht zu knapp.

Dass das eine Prozent der Bestverdiener im Lande immerhin 15 Prozent der gesamten Lohnsteuersumme aufbringt, ist ein Faktum. Zugleich ist es, aus Sicht der Gleichheitsfanatiker, ein Skandal. Denn selbstverständlich ist das, nach Vorstellung der herrschenden Neidgenossen und ihrer Handlanger in den Hauptstrommedien, längst nicht genug! Der Beitrag der Leistungsträger zum Etat des Wohlfahrtsstaates ist ihnen, wie hoch er auch immer sein mag, in jedem Fall zu gering.

„Neid ist der treibende Motor der Demokratie."

Bertrand Russell

Die planmäßige Missachtung privater Eigentumsrechte folgt strikt dem ökonomischen Prinzip der Demokratie. Dieses besteht darin, dass deren Funktionsträger wiedergewählt werden müssen, um weiterhin von Steuermitteln leben zu können. Das Kalkül ist ebenso einfach wie einleuchtend: Selbstverständlich übersteigt die Zahl der chronisch Erfolglosen, der Minderleister, Habenichtse und Neider, die Zahl der Tüchtigen, „Reichen und Schönen" in jeder Gesellschaft um ein Vielfaches. Und Wahlen werden nun einmal – bei allgemeinem, gleichem Wahlrecht – mit den Stimmen der zahlenmäßig übermächtigen Masse gewonnen, nicht mit denen einer kleinen, leistungsorientierten Elite. Die an ihrer Wiederwahl interessierte Politikerklasse nimmt daher an den Begehrlichkeiten der Plebs Maß. Daran bindet sich notwendigerweise eine Zurückdrängung des Privatrechts, eine zunehmende Rechtsunsicherheit und eine systematische Benachteiligung der Leistungsträger. Denn bei strikter Gleichheit vor dem (Privat-) Recht kommt es zur ungleichen Verteilung von Einkommen und materiellem Wohlstand. Und das darf nicht sein.

Die Präsentation ständig neuer, gegen die „Reichen" gerichteter Enteignungsphantasien hat, der Logik des Demokratismus folgend, eine niemals endende Konjunktur. Immer häufiger ertönen, insbesondere aus den Reihen der Grünen oder anderer linksextremer Parteien, unverhüllte Enteignungsdrohungen an die Adresse der „Reichen". Erkenntnisresistente Dummköpfe, die tatsächlich glauben, das Los der Armen verbessern zu können, indem sie die Reichen arm machen, sterben niemals aus. Der deutsche Ökonom Christoph Braunschweig spricht in diesem Zusammenhang von einem „fatalen Teufelskreis aus Politikerversprechen und Wähleranspruch". [4]

Dass mittlerweile die beachtliche Zahl von 2,8 Millionen Steuerpflichtigen in der Alpenrepublik keinen einzigen Cent an direkten Steuern aufzubringen braucht, obwohl sie aller gebotenen, mit öffentlichen Mitteln finanzierten Segnungen des Wohlfahrtsstaates teilhaftig werden, findet kaum einmal Erwähnung. Dass hier eine immer größere Zahl von Menschen systematisch darauf konditioniert wird, sich ausschließlich auf das Stellen von Forderungen zu beschränken, die vom Staat zu erfüllen sind; dass diesen Menschen zugleich jedes Bewusstsein dafür abtrainiert wird, auch selbst einen mit Anstrengungen verbundenen Beitrag zum Gelingen des Gemeinwesens leisten zu müssen, stellt für die politische Klasse kein Problem dar. Umso mehr darf, unter heftigem Beifall der politisch organisierten Neidgenossenschaft, der Hauptstrom der veröffentlichten Meinung hemmungslos noch mehr Umverteilung von den Produktiven zu den Unproduktiven einmahnen. Alles unter der unschlagbar populären Forderung nach „mehr sozialer Gerechtigkeit“.

Getreu der Keynesschen Erkenntnis „Auf lange Sicht sind wir alle tot“, zählen für demokratische Politiker ausschließlich kurzfristige Ziele, niemals langfristige. Ihr Blick ist stets und ausschließlich auf den nächsten Wahltermin gerichtet. Mit den aus heutigen Fehlleistungen resultierenden Herausforderungen soll sich dann gefälligst die nachfolgende Generation der Politelite herumschlagen.

Mit dem aufs Heute und die unmittelbare Zukunft verengten Blick verbunden ist eine ganz entschieden im Interesse der Rentner agierende Politik. Wieder wird das ökonomische Kalkül der Demokratie deutlich: In einer Gesellschaft, in der sich kaum noch jemand der Mühe unterziehen mag, Kinder in die Welt zu setzen und aufzuziehen, nimmt der Anteil der Alten natürlich unaufhörlich zu. Gegen die Stimmen der Pensionäre sind Wahlen in einem solchen rapide vergreisenden Gemeinwesen nicht mehr zu gewinnen. Die wenigen Jungen dagegen verfügen über keinerlei Interessenvertretung – und zwar in keiner einzigen wahlwerbenden Partei.

„Die Arbeiterklasse hat durch eine Schädigung des Kapitals mehr zu verlieren als die Kapitalisten, denn was für letztere den Verlust von Luxus und Überfluss heraufbeschwört, bedeutet für erstere den Verlust des Notwendigen.“

John Emerich Edward Dalberg-Acton

Es ist schwer zu begreifen, weshalb die junge Generation mit so großer Gleichgültigkeit die Tatsache hinnimmt, dass die politische Klasse im Begriff steht, ihre Zukunft zu verspielen. Denn der heute finanzierte Sozialkitsch, der bevorzugt Beamten und Rentnern zugutekommt, wird nicht nur mit einer horrenden Steuerquote, sondern fatalerweise bevorzugt durch hemmungslose Schuldenmacherei finanziert. Und Staatsschulden haben nun einmal die unangenehme Eigenschaft, nicht irgendwann auf Beschluss des Politbüros einfach zu verschwinden. Die Aufgabe, sie zurückzuzahlen, lastet daher auf den Jungen – auf wem sonst? Auf den Schultern der wenigen also, die absolut nichts dafür können und die nichts davon haben. Umso erstaunlicher ist es, dass bislang noch keine einzige Jugendorganisation es für nötig befunden hat, auch nur die leiseste Kritik an diesem offensichtlichen Unrecht zu üben.

Das demokratische Credo folgt einem Zitat der Marquise de Pompadour, also aus der Zeit des französischen Absolutismus: „Nach uns die Sintflut." Doch so sehr man es sich auch wünschen mag: Man kann einen Kuchen nicht aufessen und zugleich behalten. Wer heute alles verkonsumiert, steht morgen mit leeren Händen da.

Die für die Massendemokratie typische Verkürzung des Zeithorizonts zeigt Wirkung. Sich in Geduld zu üben und Konsumwünsche aufzuschieben, ist hoffnungslos aus der Mode. Die Notwendigkeit des Sparens wird – bestärkt durch die einschlägigen Publikationen linker Ökonomen und ahnungsloser Intellektueller – als unerhörte Zumutung begriffen. Leben wir doch vermeintlich in einer Welt des Überflusses! Sofortiger Konsum ohne vorheriges Sparen ist indes nur auf zweierlei Arten zu haben: durch die politisch erzwungene Umverteilung rechtmäßig erworbenen Einkommens und Vermögens und durch Schuldenmacherei (auf die an anderer Stelle noch eingegangen wird). Dass die mit der Umverteilung verbundene Forcierung von Konsumausgaben zu Lasten des Produktivkapitals langfristig zu kollektiven Wohlstandsverlusten führt, unter denen Arme weitaus stärker leiden als Reiche, wird entweder nicht berücksichtigt oder dreist geleugnet.

Wahlen bergen für die Obertanen stets ein Element der Unsicherheit. Die Wähler sind schließlich unberechenbar. Und die Zuverlässigkeit von Prognosen der Meinungsforschungsinstitute ist kaum größer als die von Klimaforschern, also ebenso treffsicher wie ein Blick in die Kristallkugel. Daher erfreuen sich Wahlen bei der politischen Klasse keiner uneingeschränkten

Beliebtheit. Je seltener, desto besser, lautet das daraus folgende Motto.

„Wer Wahrheit sucht, darf nicht die Stimmen zählen.“

Gottfried Wilhelm Leibniz

Eine direkte Demokratie nach Schweizer Muster gibt es in Deutschland und Österreich sicherheitshalber nicht. Das törichte Stimmvieh soll keinesfalls dadurch verstört oder überfordert werden, dass es seine Angelegenheiten, zumindest gelegentlich, in die eigenen Hände nimmt. Alle fünf Jahre (für den Bund) zu wählen, reicht vollauf. Die Ausdehnung der Legislaturperiode des Nationalrats von vier auf fünf Jahre ging in Österreich anno 2007 erstaunlicherweise ohne weitere Umstände über die Bühne. Die damit verbundene Marginalisierung des Wählerwillens – immerhin wurde damit faktisch ein Viertel der Demokratie elegant und ohne Aufsehen entsorgt – war zu keiner Zeit Thema eines öffentlichen Diskurses. Ob zwischen mangelnder demokratischer Übung und ebenso mangelhaften Ergebnissen politischer Entscheidungen ein kausaler Zusammenhang besteht, wurde bislang nicht untersucht. Diese Frage scheint auch niemanden zu interessieren.

Die sinkende Wahlbeteiligung ist – auch – ein Gradmesser für die Wertschätzung der politischen Klasse durch die Bürger. Die hat in den letzten Jahren dramatisch abgenommen. In allen verfügbaren Untersuchungen rangieren Politiker – zusammen mit Journalisten – auf den hintersten Rängen. Gerade noch das Image von Hütchenspielern, Rauschgifthändlern und Waffenschiebern ist noch schlechter. Nie zuvor standen die Regierenden in schlechterem Ansehen. Sie gelten als inkompetent, unehrlich, selbstsüchtig, korrupt und machtbesessen. Selbst schlichteren Naturen unter den Wählern ist mittlerweile klargeworden, dass Zusagen und Versprechen von Politikern, besonders dann, wenn sie vor Wahlen abgegeben werden, nicht für bare Münze zu nehmen sind.

Nicht selten scheinen die demokratischen Führer aus unerfindlichen Gründen alles daran zu setzen, auch den letzten verbliebenen Rest an Vertrauen zu zerstören, das von den Wählern noch in sie gesetzt wird. Wie sonst sollte Jean-Claude Junckers Aussage „Wenn es ernst wird, muss man lügen" interpretiert werden? Als entlarvenden Ausdruck einer für alle Zentralbürokraten typischen Arroganz? Als Beweis eines totalen Verlustes an „Bodenhaftung", den ein zu langer Aufenthalt im Zentrum der Macht mit sich bringt? Tatsächlich ist es wohl das Eingeständnis des totalen moralischen Bankrotts unseres auf Lug und Trug basierenden Politsystems.

„Irren ist menschlich – lügen ist demokratisch!"
Nicolás Gómez Dávila

Es ist weder angemessen noch sinnvoll, allen Politikern grundsätzlich niedere Motive zu unterstellen. Viele von ihnen mögen – ehe sie sich in zynische Systemprofiteure verwandelten – tatsächlich vom Wunsch beseelt gewesen sein, die Welt zu verbessern. Es ist außerdem falsch, immer gleich an eine Verschwörung dunkler Mächte zu denken, wo doch auch pure Dummheit der Akteure als Begründung haarsträubender Fehlleistungen in Frage kommt. Aber auch dann, wenn Politikern die besten Absichten zugetraut werden und niemand annimmt, dass sie lügen, sooft sie den Mund auftun, bleibt doch ein veritables Problem bestehen: Eine große Wählermehrheit traut ihnen nämlich kaum noch zu, den Herausforderungen gewachsen zu sein, mit denen unsere westliche Zivilisation in zunehmendem Maße konfrontiert wird. Die wichtigsten davon sind:

- ► Massenzuwanderung aus fremden oder offen feindlichen Kulturen
- ► Zunehmende Kriminalität
- ► Militärische Bedrohungen aus unmittelbarer Nachbarschaft der EU

- Demographischer Wandel – rapide Alterung der Gesellschaft
- Ungelöste Staatschuldenproblematik
- Wachsender Finanzierungsbedarf für die Altersversorgung
- Fortschreitende Entindustrialisierung
- Rasanter technologischer Wandel.

Für kein einziges dieser Problemfelder hat die herrschende Klasse plausible Lösungsansätze zur Hand. Wenn sie sich nicht von vornherein darauf beschränkt, diese Themen vollständig auszublenden, verlegt sie sich aufs Leugnen oder wenigstens aufs Schönreden derselben. Die Wähler erkennen das, oder vermuten es zumindest. Die Wahrheit ist zumutbar! Wegschauen ist in keinem Fall eine taugliche Strategie, um Probleme zum Verschwinden zu bringen.

Angesichts des katastrophalen Images der Regierenden ist es umso unverständlicher, dass dennoch bei jedem noch so geringen Anlass umgehend der Ruf nach politischen Maßnahmen ertönt. Dazu brauchen keineswegs Katastrophen auszubrechen. Vogelgrippeepidemien, Terroranschläge oder Vulkanausbrüche sind nicht erforderlich, um das Einschreiten der Regierung zu fordern. Ein Banküberfall, ein schwerer Skiunfall unter Alkoholeinfluss oder eine Pressekampagne zu einem x-beliebigen Thema reichen aus, um sofort „die Politik gefordert" zu sehen. Dass das Leben Überraschungen und Gefahren bereithält, scheint infolge einer galoppierenden wohlfahrtsstaatlich bedingten Verwahrlosung vieler Zeitgenossen eine unerträgliche Vorstellung geworden zu sein. Doch nicht wenige Wähler glauben tatsächlich, dass allen Fährnissen mit politischen Mitteln erfolgreich präventiv begegnet werden kann. Diese Illusion spielt dem Leviathan in die Hände.

Das Frappierende daran: Die routinemäßig erfolgenden Rufe nach politischen Maßnahmen werden zwar zuerst meist von den von Steuermitteln abhängigen Meinungsmachern erhoben. In der Folge werden sie aber auch von jenen Bürgern, die der politischen Klasse mit Geringschätzung, Misstrauen oder gar Verachtung gegenüberstehen, durchaus unterstützt.

Untätig zu bleiben ist für die politische Klasse daher allemal gefährlicher, als in blinden Aktionismus zu verfallen. Denn kein Politiker geht das Risiko ein, von der Presse wegen „unterlassener Hilfeleistung“ attackiert zu werden. Da ist es schon besser, schnell ein neues Gesetz durchs Parlament zu peitschen, auch wenn es am Ende mehr schadet, als es nichts nützt…

Wie ist es möglich, dass so viele sich von Akteuren, die sie als unfähig oder korrupt einschätzen, erwarten, sie könnten irgendetwas Vernünftiges auf den Weg bringen? Dabei haben wir es augenscheinlich mit einem Paradoxon zu tun, das kaum anders als durch die vollständige Entwöhnung der Bürger von jeglicher persönlicher Verantwortung erklärt werden kann. Irgendwann ist es eben so weit, dass der unmündig gehaltene Bürger es vorzieht, wenn in allen denkbaren Fällen eine inkompetente und verkommene Politelite für ihn denkt und handelt, anstatt es selbst zu tun. Immerhin stehen dann wenigstens andere in der Verantwortung.

„Freiheit wollen alle, Verantwortung die wenigsten.“

Alexis de Tocqueville

Die rapide voranschreitende Proletarisierung unserer Gesellschaft zeigt Wirkung. Immer weniger Menschen wagen es noch, etwas zu unternehmen und sich beruflich auf eigene Beine zu stellen. Das hat mit der Komplizenschaft von Big Business und Big Government zu tun. Kleinen und mittleren Betrieben wird durch die Bürokratie systematisch und zunehmend die Luft zum Atmen genommen. Die Zahl der selbständig Erwerbstätigen geht deshalb laufend zurück (wenn man den Fehler vermeidet, aus Kostengründen abgebaute, frühere Konzernangestellte, die für einen einzigen Auftraggeber – ihren früheren Arbeitgeber – tätig sind, als Selbständige zu zählen). Immer weniger Bürger sind deshalb daran gewöhnt, eigenverantwortlich zu entscheiden. Sie wurden darauf konditioniert, alle relevanten Entscheidungen an den Chef im Betrieb und die „politisch Verantwortlichen“ zu delegieren und allenfalls Antragsformulare auszufüllen.

Mündige, freie und selbstbewusste Bürger schreiben allerdings weder Bittgesuche, noch formulieren sie Anträge. Freie Bürger machen Angebote, schließen Verträge und stellen Rechnungen!

Zweites Kapitel

Recht, Macht, Verantwortung und Haftung

„Eine Demokratie besteht ihrer Natur nach stets temporär; sie kann einfach nicht als eine dauerhafte Regierungsform existieren. Eine Demokratie wird bis zu dem Zeitpunkt bestehen, an dem die Wähler herausfinden, dass sie sich großzügige Geschenke aus dem Staatsschatz erwählen können. Von diesem Moment an stimmt die Mehrheit immer für die Kandidaten, die ihnen die größten Wohltaten aus dem Staatsschatz versprechen – mit dem Ergebnis, dass jede Demokratie am Ende infolge ihrer liederlichen Fiskalpolitik kollabiert."

Alexander Fraser Tytler, Lord Woodhouselee

Es ist wichtig, sich die entscheidende Konsequenz zu vergegenwärtigen, die aus der anonymen Stimmabgabe folgt, wie sie bei heute stattfindenden Wahlen üblich ist.

Betrachten wir zu diesem Zweck zunächst das Wesen eines privaten Rechtsgeschäfts: Wer einen Vertrag abschließt, gleich welchen Inhalts, trägt für dessen Erfüllung die volle Verantwortung. „Verträge sind einzuhalten", heißt es schon im römischen Recht. Es gilt der Grundsatz von Treu und Glauben. Beide Vertragsparteien haften für die mit dem Abschluss verbundenen Folgen. So hat sich beispielsweise der Grundstückseigner, der den Auftrag zur Errichtung einer Baulichkeit erteilt, um die dafür relevanten rechtlichen Voraussetzungen zu sorgen oder einem Fachmann die Order zu erteilen, sich darum zu kümmern. Dieser Beauftragte wird dann im Namen und auf Rechnung seines Auftraggebers tätig. Der Besteller trägt in jedem Fall die

Verantwortung für die daraus resultierenden Konsequenzen – etwa hinsichtlich allenfalls beeinträchtigter Rechte Dritter in der Nachbarschaft.

Private Rechtsgeschäfte, gleich welcher Größenordnung, können niemals von der Haftung für ihre Folgen entkoppelt werden. Wer verdorbene Lebensmittel, schadhafte Textilien oder ein mit Sicherheitsmängeln behaftetes Fahrzeug verkauft, kann selbstverständlich zur Wiedergutmachung herangezogen und/oder bestraft werden. Auftraggeber und nehmer kennen gewöhnlich die Identität ihrer Gegenüber und treten durch den Vertrag in eine persönliche Beziehung zueinander.

Wie verhält es sich dagegen mit dem Verhältnis zwischen Recht und Verantwortung in der politischen Sphäre? Auch hier existieren schließlich Auftraggeber und nehmer – zumindest in einer Demokratie. In einer (absoluten) Monarchie oder in einer Diktatur ist die Lage klar: Der König oder Tyrann schafft an, und er geht im Fall der Fälle – möglicherweise mitsamt seiner Entourage – für die Konsequenzen seiner Anordnungen aufs Schafott oder er landet am Galgen. Und in der Demokratie?

Lassen wir an dieser Stelle noch einmal Lysander Spooner zu Wort kommen, nochmals aus dem weiter oben bereits einmal zitierten Aufsatz „No Treason“:

„Wenn ein Mensch mein Diener, Agent oder Anwalt ist, bin ich im Rahmen der ihm von mir übertragenen Vollmacht notwendigerweise verantwortlich für alle seine Handlungen. Wenn ich ihm, als meinem Agenten, entweder absolute oder irgendeine Macht über Personen oder Besitztümer anderer Menschen als mir selbst übertragen habe, bin ich dadurch notwendigerweise gegenüber diesen Personen verantwortlich für jeden Schaden, den er ihnen zugefügt hat, solange er innerhalb des Rahmens der Machtbefugnis wirkt, die ich ihm gewährt habe. Kein Individuum jedoch, das in seiner Person oder seinem Eigentum durch Handlungen des Kongresses geschädigt worden sein mag, kann sich an die individuellen Wähler wenden und sie für diese Handlungen

ihrer sogenannten Agenten oder Repräsentanten zur Verantwortung ziehen. Diese Tatsache beweist, dass diese anmaßenden Agenten des Volkes – von uns allen – in Wirklichkeit die Agenten von niemandem sind.“

Lysander Spooner

In diesen wenigen Sätzen wird der unheilbare Mangel eines auf anonymer Stimmabgabe basierenden Politsystems auf den Punkt gebracht: Es ist die völlige Entkoppelung von Macht und Verantwortung. Während jedes noch so unbedeutende private Rechtsgeschäft mit Verantwortung und Haftung verbunden ist; während sogar bei so harmlosen Vorgängen wie einer Bargeldabhebung vom eigenen Konto oder bei Einkäufen ab einer bestimmten Betragshöhe der Handelnde seine Identität bekanntgeben muss, ist das bei einer demokratischen Wahl erstaunlicherweise nicht der Fall! Der Auftraggeber (der Wähler) darf sich nach der Tat aus der Wahlzelle davonstehlen, ohne dass sein Wahlverhalten jemandem bekannt wird. Obgleich seine Stimmabgabe dazu führt, dass ganz erheblich in die Lebensgestaltung Dritter eingegriffen wird, kann er für seine Entscheidung nicht haftbar gemacht werden. Er kann daher am Stammtisch hemmungslos auf „die da oben“ einprügeln, die er zuvor möglicherweise selbst gewählt hat und die – erwartungsgemäß – Mist bauen. Der gewählte Funktionär wiederum verschanzt sich bei allem, was er tut, hinter seinem angeblichen „Wählerauftrag“. Er wurde ja schließlich von seinen Wählern dafür „legitimiert“, sein – zuvor bekanntgemachtes – Programm in die Tat umzusetzen.

„Die Wohlfahrtsdemokratie hat eine eigene Dynamik, die so beschaffen ist, dass, wenn sie sich ungehindert auswirken darf, sie möglicherweise oder sogar sehr wahrscheinlich die Selbstzerstörung des demokratischen Systems herbeiführen wird.“

Stefan Blankertz

Welcher Politiker wäre jemals für einschlägige Handlungen vor Gericht gestellt und verurteilt worden, die jeden Privaten – insbesondere jeden Unternehmer – sofort vors Strafgericht und/oder in den Schuldturm gebracht hätten, etwa weil er die (Eigentums-) Rechte Dritter mit Füßen getreten hat? Jeder kleine Kaufmann wird schon einer bloßen Fahrlässigkeit wegen im Konkursfall von der vollen Wucht des Gesetzes getroffen (was durchaus in Ordnung ist, weil davon eine disziplinierende Wirkung ausgeht). Dagegen können Politiker unbeschwert Kriege vom Zaun brechen, Milliarden an Steuermitteln in den Sand setzen und die Zukunft der Jugend mit schwersten Hypotheken belasten, ohne dafür jemals gerichtlich zur Rechenschaft gezogen zu werden. Sie waren und sind ja schließlich im „Wählerauftrag" tätig und wollen doch bekanntermaßen nur das Beste. Die schlimmste Sanktion für den grob fahrlässig oder verbrecherisch handelnden Politiker in der Demokratie ist der Verlust seines Mandats. Wie die Erfahrungen in der Alpenrepublik belegen, in deren Hauptstadt laut Reichskanzler Metternich bekanntlich der Balkan beginnt, werden gestrauchelte „Volksvertreter" in der Regel mit großzügig dotierten Posten in einem staatseigenen oder nahen Unternehmen versorgt.

Ein geradezu klassisch zu nennendes Beispiel unverantwortlicher Politik bildete die am 5. November 1978 abgehaltene Volksabstimmung über ein mit einem Aufwand von einer Milliarde Euro (nach heutigem Wert) bereits fertiggestelltes (!) Atomkraftwerk bei Zwentendorf, unweit von Wien. Der Bau des Reaktors war einige Jahre zuvor unter der Regie desselben Kanzlers geplant und errichtet worden, der dann die Abstimmung initiierte. Der skrupellose Polithasardeur Bruno Kreisky bescherte der Republik damals – aus rein wahltaktischen Gründen – ihre bis dahin kostspieligste Bauruine. Die Abstimmung ging mit der hauchdünnen Mehrheit von 50,47 Prozent gegen die Inbetriebnahme der Anlage über die Bühne. Nicht nur die straflos erfolgende Vernichtung von Steuermitteln durch gewissenlose Politiker wird dadurch eindrucksvoll illustriert: Gegen Kanzler Kreisky und seine Entourage wurde wegen dieses beispiellosen

Aktes der mutwilligen Vernichtung von Volkseigentum niemals Anklage erhoben. Auf welcher Basis auch? Die politische Klasse hat sich gegen jede juristische Verfolgung bombensicher immunisiert.

Nebenbei wirft dieser Fall aber auch ein grelles Schlaglicht auf die grundsätzliche Fragwürdigkeit von Mehrheitsentscheidungen. Die Mehrheit hat bei der Zwentendorf-Abstimmung ja nicht nur das von ihr selbst für den Bau aufgebrachte Geld weggeworfen. Sie hat damit auch jenen 49,53 Prozent der Bürger einen beachtlichen Vermögensschaden zugefügt, die mit Ja gestimmt hatten und die die Kosten des nun sinnlosen Baus mitgetragen hatten.

Bei strikter Anwendung des bürgerlichen Rechts auf die Handlungen der Akteure des politisch-finanzindustriellen Komplexes würde sich kaum noch einer von ihnen auf freiem Fuß befinden. Die sukzessive ans Licht kommenden Vorgänge, die beispielsweise zur „Notverstaatlichung" der Kärntner Hypobank geführt haben, sind ein weiteres anschauliches Lehrbeispiel für die katastrophalen Folgen der von Spooner diagnostizierten, wenn auch nicht explizit so benannten, „doppelten Verantwortungslosigkeit" im System der heute praktizierten Form der Demokratie.

Es liegt auf der Hand, dass eine Gesellschaft bald zerfallen oder im Chaos versinken muss, in der jeder einzelne tun kann, was ihm beliebt, ohne für die Folgen seines Handelns die Verantwortung tragen zu müssen. Recht, Verantwortung und Haftung sind in einer Rechtsgesellschaft eben nicht voneinander zu trennen. Weshalb aber nimmt niemand daran Anstoß, dass das herrschende politische System der Wohlfahrtsdemokratie auf einem konsequenten Gegenentwurf dazu beruht? Wer kann sich, angesichts einer politischen Ordnung, in der die faktisch doppelte Verantwortungslosigkeit von Auftraggeber und nehmer institutionalisiert ist, über dessen täglich deutlicher hervortretende selbstzerstörerische Tendenzen wundern?

„Die erste Lektion der Ökonomie ist die Knappheit: Es gibt niemals genug von irgendetwas, um alle befriedigen zu können, die es haben wollen. Die erste Lektion der Politik ist die Nichtbeachtung der ersten Lektion der Ökonomie.“

Thomas Sowell

Wenn eine Privatperson jemanden damit beauftragt, seinen Nachbarn auszurauben, und die Sache auffliegt, haben beide mit strafrechtlichen Konsequenzen zu rechnen. Schwer vorstellbar, dass jemand, der seine fünf Sinne beisammen hat, daran Anstoß nehmen könnte. Warum aber sollte ein politisches System völlig entgegengesetzten Regeln gehorchen und trotzdem funktionieren? Welcher Logik folgt die Annahme, dass in der politischen Sphäre Rechtsgrundsätze gelten und ersprießliche Ergebnisse zeitigen sollten, die jenen in der Zivilgesellschaft diametral entgegenstehen?

Um etwas deutlicher zu werden: Der Anstifter einer Kriminaltat wird ebenso bestraft wie der Täter. Weshalb gelten in der Politik andere Regeln? Weshalb sollte derjenige, der einer bekanntermaßen verbrecherischen Partei mittels seines Stimmzettels den Auftrag erteilt, seinem Nachbarn die Freiheit zu nehmen oder ihn auszuplündern, straffrei davonkommen? Und weshalb sollte ein Politiker, der einen solchen Auftrag annimmt und in die Tat umsetzt, dafür nicht nur nicht bestraft, sondern am Ende gar noch mit einem Ministeramt belohnt werden?

Menschen folgen Anreizen und verhalten sich entsprechend. Eine politische Ordnung, die ein Verhalten belohnt, das auf Verzehr abzielt, anstatt Produktion zu fördern, zerstört auf Dauer ihre eigenen Fundamente. Genau darauf aber läuft eine Wohlfahrtsdemokratie hinaus, deren Hauptzweck auf die Herstellung materieller Gleichheit mittels Umverteilung gerichtet ist. Zwar wird es ihr, wenigstens für einige Zeit, gelingen, sicherzustellen, dass der vom Kollektiv gebackene Kuchen in einigermaßen gleich großen Stücken auf seine Mitglieder verteilt wird. Allerdings wird dieser Kuchen deutlich kleiner ausfallen, wenn den

Leistungsträgern jeder Anreiz genommen wird, sich etwas mehr anzustrengen, als unbedingt nötig ist.

Um ein anderes Bild zu gebrauchen: Im egalitären Wohlfahrtsstaat essen zwar alle Mitglieder mit gleich großen Löffeln aus derselben Schüssel. Die Schüssel allerdings ist deutlich kleiner als die in einer Leistungsgesellschaft. Wer erwartet, dass Menschen sich mehrheitlich dauerhaft altruistisch verhalten und ihr Eigeninteresse zugunsten des Gemeinwohls zurückstellen, verkennt die menschliche Natur.

Adam Smith stellt in seinem 1776 erschienenen Hauptwerk über den „Wohlstand der Nationen" nicht grundlos fest: „Wir verdanken unsere Mahlzeit nicht der Mildtätigkeit des Fleischers, des Bäckers und des Brauers, sondern deren Verfolgung ihrer eigenen Interessen." Bis heute hat sich an diesem Prinzip nichts geändert. Wer dagegen ankämpfen will, kann genauso gut auch versuchen, die Schwerkraft aufzuheben. Noch so große Mehrheiten werden in diesem Fall nicht zum Erfolg führen.

„Man kann ökonomische Freiheit ohne politische Freiheit haben, aber man kann nicht politische Freiheit ohne ökonomische Freiheit haben."

Friedrich Augst von Hayek

Der Geringschätzung der politischen Klasse für jene Tatsachen, die jeder Ökonomiestudent schon im ersten Semester lernt, ist ein großer Teil der Ursachen für den Niedergang der westlich-europäischen Gesellschaften geschuldet. Denn während man in den Riesenökonomien Asiens, namentlich in China, seit Maos Ableben begriffen hat, dass wirtschaftliche Freiheit die Basis materiellen Wohlstands bildet, und eine entsprechende Politik macht, meint man in Europa den umgekehrten Weg – hin zu immer mehr Regulierung – gehen zu müssen. Schlimmer noch: Die Einsicht, dass wirtschaftliche Freiheit – also die Abwesenheit umfassender hoheitlicher Regulierungen der Interaktionen einander aus freien Stücken begegnender Marktakteure – die Grundlage individueller und politischer Freiheit bildet, scheint nach und nach verlorenzugehen. Doch wirtschaftliche Gesetzmäßigkeiten haben es an sich, auch dann zu wirken, wenn niemand sie kennt. Und wenn die Politik versucht, sie zu ignorieren oder gar dagegen anzukämpfen, so muss sie doch mit den Konsequenzen ihrer erratischen Handlungen leben. Während die offiziellen Stellungnamen der EU-Nomenklatura glauben machen, es gehe beim Projekt der politischen Integration der Gemeinschaft um Freiheit, Freizügigkeit und liberale Politik (letzteres ist wohl ein Widerspruch in sich), sprechen die Fakten unmissverständlich und klar dagegen.

Eine Planwirtschaft, ein System des Korporatismus oder eine vollständig unter politischer Fuchtel stehende Ökonomie ist eben keine Markwirtschaft, auch wenn man sie – wie im Vertrag von Lissabon – noch so hartnäckig beschwören mag. Markt und Bürokratie bilden eben unüberbrückbare Gegensätze. Alle Politik der EU läuft zudem – sei es unter dem Vorwand des Konsumentenschutzes, einer behaupteten Orientierung an der „sozialen Gerechtigkeit", der „Gleichheit" oder der „Nachhaltigkeit", auf einen immer brutaleren Kampf gegen den für jede liberale Gesellschaft so wichtigen Mittelstand hinaus.

Jeder, der je selbst unter Marktbedingungen in der Wirtschaft gearbeitet hat, weiß um die Folgen jeder wirtschaftlich relevanten Regulierungsmaßnahme: Großbetriebe werden damit ungleich leichter fertig als kleine und mittlere Unternehmen. Letztere werden durch bürokratische Regeln in weit größerem Maße von der Erfüllung ihres Unternehmenszwecks abgehalten als Große. Denn die den Großen erwachsenden Kosten und personellen Herausforderungen sind im Verhältnis wesentlich geringer als die der Kleinen. Großbetriebe verfügen über einen „Overhead", der sich um die Erfüllung der Vorschriften kümmert. Der Kleinunternehmer dagegen muss um teures Geld externe Leistungen zukaufen. Oder er verbringt unproduktive Zeit im Büro, die er besser an der Werkbank oder beim Kunden verbringen sollte.

Ein Ende des Jahres 2014 aktuelles Beispiel bildet die Verpflichtung zur Bekanntgabe von Allergenen in den von Restaurants angebotenen Gerichten auf deren Speisekarten. Riesen wie McDonalds, Burger King oder andere Ketten können die Kosten der dafür nötigen Analysen auf sämtliche Filialen verteilen und brauchen sie, dank ihres so gut wie nie wechselnden Angebots, kaum je zu erneuern. Der kleine Wirt an der Ecke dagegen hat, bedingt durch seinen ständig wechselnden Menüplan, laufende Kosten – sofern er sich nicht dazu entschließt, auf das Angebot fabrikmäßig produzierten Retortenfraßes umzusteigen.

In den an Feiertagen so gern gehaltenen Ansprachen beschwört die mit den transnational agierenden Konzernen im besten Einvernehmen stehende politische Klasse stets treuherzig die Bedeutung und den Wert des Mittelstandes, deren lästige Konkurrenz sie den Giganten zuvor geholfen hat, aus dem Weg zu räumen.

Der deutsche Rechtsanwalt Carlos Gebauer hat in seinem Buch „Rettet Europa vor der EU“ die vielen Widersprüchlichkeiten des Vertrags von Lissabon minutiös beschrieben. Die wirtschaftsfeindlichen – und damit am Ende auch für die Freiheit verheerenden – Konsequenzen ihrer Aktivitäten werden darin – trotz der Trockenheit der Materie – in höchst kurzweiliger Manier beschrieben.

Drittes Kapitel
Die Wiege der Demokratie

„Wenn aber die ungerechte Regierung von vielen geführt wird, so heißt das Demokratie, das ist Volksherrschaft, in der die breite Masse die Reichen durch die Macht Ihrer Überzahl unterdrückt. Dann wird das ganze Volk wie ein einziger Tyrann sein.“

Thomas von Aquin

Der Ausdruck „Demokratie“ setzt sich aus den griechischen Wörtern „demos“ und „kratein“ zusammen, die auf Deutsch „Staatsvolk“ und „herrschen“ bedeuten. Mit „Volksherrschaft“ ist denn auch das Ideal dieser Staatsform beschrieben – wie verschieden die Vorstellungen zu dessen praktischer Verwirklichung auch immer aussehen mögen. In jedem Fall ist anzumerken, dass der Begriff des Staatsvolks, wie er im antiken Griechenland verwendet wurde, nur einen recht kleinen Teil der Einwohnerschaft einschloss. Nur die im Areopag, dem „obersten Rat“, versammelten Adligen und die freien Männer, die durch die „Volksversammlung“ repräsentiert waren, hatten das Recht auf politische Teilhabe. Dabei handelte es sich um etwa zehn Prozent der Bevölkerung der attischen Polis. Frauen, Sklaven und Fremde waren von der Beteiligung an den Staatsgeschäften ausgeschlossen.

Die Wiege der Demokratie befindet sich im antiken Athen. Es bedurfte eines über etwa 200 Jahre laufenden Prozesses – von der Monarchie über die Oligarchie mehrerer Adelsgeschlechter –, um im fünften vorchristlichen Jahrhundert eine entwickelte Demokratie auszubilden. Eine entscheidende Rolle bei der Entstehung der attischen Demokratie spielte Solon. Der Staatsmann wurde im Jahre 595 vor Christus, in einer Zeit, in der sich Athen in einer veritablen Krise befand, zum Archonten (Regenten) berufen und mit umfassenden Befugnissen ausgestattet. Solon entstammte einer alten, reichen Athener Familie und hatte sich vor seiner Berufung zur Regentschaft bereits mit militärischem Ruhm bedeckt. Gestützt auf seine Vollmachten, setzte er ein ambitioniertes Reformwerk durch. Die von ihm verfügte Aufhebung der Leibeigenschaft und das Verbot der Belehnung des eigenen Körpers stellten Meilensteine in der politischen Entwicklung der Polis dar.

„Das Wort ‚Demokratie' ist ein schweres Rauschmittel. Es verhindert das Lernen, vernebelt den Verstand, verwirrt das Denken, erzeugt Wahnbilder – und macht schließlich schläfrig und apathisch. Die heutigen Demokratie-Junkies würden Sokrates wieder ermorden."

Roland Baader

Eine Währungsreform, die Normierung von Maßeinheiten und eine Neuordnung des Erbrechts, die man als „Liberalisierung" bezeichnen könnte, folgten. In einer Kultur, in der körperliche Arbeit geringgeschätzt wurde (arbeiten mussten nur Bauern und Sklaven, während die Herren sich der Muße, den „schönen Dingen" und den Staatsgeschäften hingaben), muss es geradezu einem Erdbeben gleichgekommen sein, als Solon das Erlernen eines Handwerks zur Voraussetzung für die Versorgung der Alten durch deren Kinder erklärte.

Die Schaffung eines durch Los bestimmten „Rats der 400" war sein nächster Schritt. Diese Körperschaft fungierte als eine Art Unterhaus und bildete ein Gegengenwicht zum vom Adel beherrschten Areopag. Volksentscheidungen erfolgten damals öffentlich, nicht anonym, wie heute üblich. Jeder Stimmberechtigte hatte sich offen und für jedermann ersichtlich zu seinen Entscheidungen zu bekennen. Der deutsche Privatgelehrte Joachim Fernau schreibt in seinem großartigen Buch „Rosen für Apoll. Die Geschichte der Griechen": „Es war die Geburtsstunde des demokratischen Bewusstseins. Vor der Volksversammlung und vor dem Volksgericht waren alle Bürger gleich; ging es aber um das Staatswesen, so schien es Solon unbedingt nötig, die Stimmen derer, die ‚nichts zu verlieren' hatten, auszuschalten." Eine Überlegung, die auf die Natur des Menschen auf kluge Weise Rücksicht nimmt. Solon etablierte in der Folge ein Zensuswahlrecht, das die Stimmen nicht nur zählte, sondern auch wog und das als Prinzip der „Timokratie" bekannt ist.

Grundlage dafür bildete die herrschende, allgemeine Wehrpflicht. Die Größe des Bodenertrags der Stimmbürger sowie ihre daraus resultierende Fähigkeit, verschieden aufwendige militärische Aufgaben zu übernehmen (etwa, ein Pferd oder Waffen für den Kriegsdienst bereitzustellen), bestimmten das Stimmgewicht. Nicht die schiere Größe des Vermögens, sondern die mit seiner Hilfe erzielten Erträge waren entscheidend. Mehr Beiträge zum Gemeinwohl wurden mit einem größeren politischen Einfluss vergolten. Eine aus heutiger Sicht geradezu obszöne Ordnung. Solons System sah die Einteilung der Bürgerschaft in vier auf Hohlmaßen basierenden (Ertrags-) Klassen vor. Nur die Angehörigen der beiden ersten und wohlhabendsten Klassen (die 300- und 500-Scheffler) konnten zu den höchsten Ämtern aufsteigen.

Es ist interessant, dass Platon und Aristoteles zu völlig gegenteiligen Bewertungen des timokratischen Prinzips kamen. Sah Platon (den Karl Popper in Band eins seiner „Offenen Gesellschaft" als den „Vater des Totalitarismus" beurteilte) darin eine Verfallsform der Aristokratie, bewertete Aristoteles sie als eine der „tugendhaften" Staatsformen neben Aristokratie und Monarchie.

„Wer den einen schadet, um sich gegen andere freigiebig zu erweisen, macht sich desselben Unrechts schuldig, wie wenn er fremdes Eigentum für sich verwendet."
„Der Staatsdienst muss zum Nutzen derer geführt werden, die ihm anvertraut sind, nicht zum Nutzen derer, denen er anvertraut ist."

Cicero

Wäre Solon, diesem über ein überragendes Maß an Menschenkenntnis verfügenden Mann, ein Blick auf die Verhältnisse in einem System vergönnt gewesen, das sich mit dem Stimmenzählen begnügt, hätte er die Richtigkeit seiner politischen Konstruktion bestätigt gesehen. Wer zahlt, schafft an. Nicht derjenige, der sich in der Gesellschaft einer Überzahl von Transferleistungsempfängern befindet und alles Sinnen und Trachten aufs Beutemachen anstatt aufs Produzieren richtet. Herodot berichtete zudem über ein durch Solon eingeführtes Gesetz zur Bekämpfung des Müßiggangs, das auf eine bessere Entfaltung der produktiven Kräfte abzielte.

Ein wesentliches Element der attischen Demokratie bildete der Losentscheid. Dabei handelte es sich um eine Methode sowohl zur Auswahl von Abgeordneten zum Rat der 400 (später 500) als auch zur Kür der Archonten. Ein derartiges Prozedere erscheint heutzutage nahezu undenkbar. Dessen ungeachtet verfügt diese Methode aber über einige wesentliche Vorzüge gegenüber der Wahl mittels Stimmabgabe und auszählung. Der Vorteil besteht darin, dass die Eloquenz eines Kandidaten keine Rolle für die Wahrscheinlichkeit spielt, in ein Amt zu gelangen. Schließlich korreliert eine ausgeprägte Fähigkeit zum Halten von Volksreden nicht notwendigerweise mit den für das jeweilige Amt erforderlichen Qualitäten. Auch die Fähigkeit und Bereitschaft eines Kandidaten, Stimmen zu kaufen, ist ohne Belang. Lug und Trug in einem der Wahl vorangehenden Wahlkampf werden überflüssig. Ein Losentscheid kommt somit auf vergleichsweise absolut saubere Weise zustande. Eine der eben beschriebenen Stärken des Losentscheids ist zugleich aber seine größte Schwäche. Die besteht darin, dass auch herausragend fähige Köpfe keine besseren Aussichten auf ein Amt haben als mediokre Zeitgenossen. Kein Licht bleibt ohne Schatten.

Wesentlichen Einfluss auf die weitere Entwicklung der attischen Demokratie hatten die Perserkriege, die mit dem Sieg der Griechen im Jahr 479 in der Schlacht von Plataiai und der endgültigen Vertreibung der asiatischen Invasoren endeten. Die Bedeutung der Theten, der vierten und untersten Vermögensklasse nach der Verfassung Solons, wuchs erheblich, nachdem sie sich als Besatzungen der Kriegsschiffe bewährt hatten, die vom zum Strategen bestellten Themistokles bei Salamis gegen die Perser geführten wurden.

Im Jahr 462 schließlich kam es unter Ephialtes zur Entmachtung des Ariopag und einer Übertragung dessen Kompetenzen auf Rat und Volksversammlung.

Ein weiterer „Demokratisierungsschub“ erfolgte wenig später unter Perikles, der ab 457 einige Gesetzesänderungen auf den Weg brachte, die die Bedeutung des Adels weiter zurückdrängten.

„Wenn Menschen im Namen einer Gruppe handeln, so scheinen sie sich vieler moralischer Hemmungen zu entledigen, die ihr Verhalten als Individuum innerhalb der Gruppe bestimmen.“

Friedrich August von Hayek

Unter seiner Führung erlebte Athen einerseits eine beispiellose Hochblüte der Bautätigkeit, der Philosophie und der Theaterkunst. Die andere Seite der glitzernden Medaille von Perikles‘ Regime war der mit der „Vermassung“ Athens (die Stadt war nach den Perserkriegen stark gewachsen) beginnende Verfall der allgemeinen Moral. Dieser wurde durch die von Perikles eingeführten „Diäten“ für mittellose Angehörige der Volksversammlung (wohl unbeabsichtigt, denn auch Genies, ja selbst Staatsmänner können irren) Vorschub geleistet. Auch viele andere öffentliche Ämter wurden nach Perikles‘ Willen mit Bezügen ansehnlicher Solde dotiert. Das war neu. Zum ersten Mal wurden politische Tätigkeiten, die bis dahin denjenigen vorbehalten waren, die es nicht nötig hatten, damit ihren Unterhalt zu bestreiten, zur Möglichkeit, Einkünfte zu erzielen. Die Folge dieser Anreize ließ nicht lange auf sich warten: Allerlei dubioses Volk, Tagediebe und Nichtsnutze, drängten jetzt in politische Ämter. Der heutige Beobachter fühlt sich schlagartig in die Gegenwart versetzt: Auch keiner der heute in Spitzenämtern befindlichen Politiker lebt für die Politik. Er lebt vielmehr von ihr. Es liegt auf der Hand, dass die Qualität der in der Volksversammlung getroffenen Entscheidungen durch die zunehmend negative Personalselektion nicht gehoben wurde. Der Geldbedarf der attischen Polis , nicht zuletzt der Gehälter des „öffentlichen Dienstes", überstieg deren Steuereinnahmen jedenfalls bei weitem.

Kurzum: Die Perikleischen Demokratisierungsbemühungen gingen mit exakt demselben Phänomen einher, das den Insassen demokratischer Wohlfahrtsstaaten unserer Tage nur allzu vertraut ist: Fremdfinanzierung. Im Falle der attischen Demokratie allerdings nicht durch die Aufnahme von Krediten, sondern durch den Griff nach den Reichtümern der Nachbarn – insbesondere den im „Attischen Seebund" vereinigten.

Als Perikles den Bogen hinreichend stark überspannt hatte, brach im Jahre 431 schließlich der erste 30-jährige Krieg, der sogenannte „Peloponnesische", gegen den vom alten Rivalen Sparta geführten Peloponnesischen Seebund aus. Die beiderseits verlustreichen Kämpfe zogen sich, mit Unterbrechungen und höchst wechselhaftem Verlauf, bis zum Jahr 404 hin und endeten schließlich mit der Niederlage Athens und seiner Verbündeten. Der lange Krieg, an dem sämtliche Stadtstaaten Griechenlands beteiligt waren, schwächte all seine Teilnehmer derart nachhaltig, dass sie den alsbald aus dem Norden eindringenden, von Philipp II. geführten Makedoniern schließlich nichts mehr entgegenzusetzen hatten und nach der Schlacht von Chaironeia im Jahre 338 unter deren Hegemonie gerieten.

Das erste demokratische Experiment auf europäischem Boden hatte damit, nachdem es die recht beachtliche Zeitspanne von rund 150 Jahren überdauert hatte, sein Ende gefunden.

Es ist nicht zu bestreiten, dass insbesondere die vielfach bereits zu ihrer Zeit kritisierte Ära der Perikleischen Herrschaft in kultureller Hinsicht ungeheuer fruchtbar war. Athen übte auf Künstler und Philosophen eine Anziehungskraft aus, wie das in späteren Perioden und an anderen Orten nie wieder der Fall war.

Dichter wie Aischylos, Sophokles, Euripides und Aristophanes, Plastiker wie Phidias und Praxiteles, die Philosophen Sokrates, Platon, Aristoteles und Epikur – sie alle wirkten in Athen, und eben nicht in Theben, Korinth, Samos oder Sparta. Dafür musste es gute Gründe geben. Der für kreative Arbeit nötige Humus war offensichtlich reichlich vorhanden. Bedarf es dazu etwa einer gewissen Morbidität oder Endzeitstimmung? Auch Wien übte als Zentrum eines im 19. Jahrhundert im Niedergang befindlichen Reiches auf Kulturschaffende eine wesentlich stärkere Anziehungskraft aus als das vor Kraft strotzende Berlin oder irgendeine andere Stadt deutscher Zunge…

„Der kürzeste Weg, um einen Radikalen in einen Konservativen, einen Liberalen in einen Tyrannen, einen Menschen in ein Tier zu verwandeln, ist, ihm Gewalt über seine Mitmenschen zu geben.“

Benjamin Tucker

Ein aus der Rückschau hervorstechend positiver Aspekt der attischen Demokratie ist die unmittelbare Beteiligung der Bürgerschaft an politischen Prozessen. Diese erschöpfte sich nicht – wie heutzutage – in der bloßen Teilnahme an alle vier oder fünf Jahre stattfindenden Wahlritualen. Die (freien) Bürger trugen vielmehr selbst das politische Leben der Polis. Diese Form der Demokratie war nicht vom Delegieren jeglicher Verantwortung an geheim gewählte (letztlich aber ebenfalls unverantwortliche) Politiker gekennzeichnet. Dadurch bestand eine unmittelbare Beziehung zwischen dem Recht, zu entscheiden, und der Pflicht, die Verantwortung dafür zu tragen. Diejenigen, die zu kriegerischen Abenteuern aufriefen, hatten sich daran auch höchstpersönlich zu beteiligen. Was für ein Unterschied zu modernen Zeiten, in denen im sicheren Bunker hockende Personen mittleren Alters die Jungen in den Krieg schicken dürfen, die ihn nicht vom Zaun gebrochen haben.

Der Schutz von Minderheiten und die Gewaltenteilung stellten damals keine Anliegen dar. Niemand interessierte sich dafür.

Im Vordergrund stand vielmehr die Sorge vor einer Restauration der Adelsoligarchie oder der Errichtung einer Tyrannis. Die konsequente Anwendung des Losentscheids für die Vergabe öffentlicher Ämter und die kurze zeitliche Begrenzung der Amtsperioden stellten in diesem Sinne recht wirksame Instrumente dar.

Der Ausschluss des größten Teils der Einwohner vom politischen Leben wird von den herrschenden Sozial-Demokraten unserer Tage natürlich als skandalös empfunden. Dabei ist allerdings zu bedenken, dass das egalitäre „Ein-Mann-eine-Stimme"-Gesellschaftsmodell das Markenzeichen der Zeit nach dem Ersten Weltkrieg darstellt. Zuvor galt auch hierzulande ein Klassenwahlrecht. Immerhin wurde durch das attische Zensuswahlrecht sichergestellt, dass es nicht zu der für moderne Massendemokratien typischen Umverteilungspolitik kommen konnte, die sich – je länger sie betrieben wird – mehr und mehr als gesellschaftszerstörende Kraft erweist.

Es kann darüber spekuliert werden, wie lange die attische Demokratie noch bestanden hätte, wäre ihr nicht durch die Invasion von Philipps Truppen ein gewaltsames Ende bereitet worden. Bei alldem darf jedenfalls auch nicht übersehen werden, dass es eine Sklavenhaltergesellschaft war, in der die antike Form der Demokratie praktiziert wurde. Die Freiheit einer Minderheit wurde durch den Frondienst der Mehrheit ermöglicht. Die Verachtung produktiver Arbeit durch die herrschenden Klassen war für diese Gesellschaft typisch.

„In einer totalitären Demokratie kann es keine Individualrechte geben. Eine demokratische Verfassung bietet keinen Schutz gegen Totalitarismus."

Gerard Radnitzky

Ob sich daraus ein qualitativer Unterschied zu den heutigen Massendemokratien ergibt, sei indes dahingestellt. Wo ist der Unterschied? Werden unsere modernen Gesellschaften nicht ebenfalls von einer kleinen, parasitär lebenden Elite geführt?

Was ist denn ein politisches Recht – das Wahlrecht – wert, wenn zur selben Zeit zivile Rechte (das auf privates Eigentum und jenes, die Früchte seiner Arbeit behalten zu dürfen) weitestgehend abgeschafft sind? Kann ein Bürger, der zwei Drittel seiner Einkünfte an den Staat abzuliefern genötigt wird, tatsächlich noch frei genannt werden? Sitzen nicht diejenigen, die heute den Ausschluss eines Großteils der attischen Bürgerschaft vom Wahlrecht kritisieren, auf einem zu hohen Ross? Schränkt nicht die weitgehende Unterdrückung des Zivilrechts durch das öffentliche Recht, wie es moderne Demokratien kennzeichnet, die Freiheit faktisch zumindest gleich stark ein, wie das im vor zweieinhalbtausend Jahren in Athen herrschenden politischen System der Fall war?

Abschließend sei angemerkt, dass im antiken Rom von 510 vor Christus bis zur Krönung des Kaisers Augustus im Jahre 27 eine Republik praktiziert wurde, die in vieler Hinsicht am attischen Vorbild orientiert war. Beinahe 500 Jahre also – eine beeindruckend lange Zeitspanne. Kurze Funktionsperioden und ein ausgeklügeltes und unbürokratisches System der Gewaltenteilung und kontrolle waren für die Stabilität der römischen Res publica ebenso entscheidend wie der Umstand, dass es sich um ein überwiegend von Aristokraten geführtes System handelte, in dem die Plebs über nicht allzu viel Einfluss verfügte…

Viertes Kapitel
Die politische Elite der Demokratie

„Selbst eine Ausgeburt mediokrer Menschen und des Neids, kann die Demokratie als Werkzeuge auch nur mediokre Menschen gebrauchen.“

Jacob Burckhardt

Ein Parlament in einem System der repräsentativen Demokratie soll, wie der Begriff nahelegt, die Zusammensetzung der Gesellschaft möglichst getreu abbilden. Die Interessen aller Bürger im Lande sollten daher durch eine entsprechende Anzahl von Abgeordneten vertreten sein. Macht man jedoch die Probe aufs Exempel und wirft einen Blick auf die tatsächlichen Verhältnisse, zeigt sich ein gänzlich anderes Bild: Der größte Teil der Abgeordneten entstammt nämlich keineswegs den Gesellschaftsgruppen, die – allen Bemühungen der Sozialisten in allen Parteien zum Trotz, das zu ändern – immer noch die Mehrheit stellen: denjenigen nämlich, die unter Marktbedingungen arbeiten. Nach rund 100 Jahren real existierender Wohlfahrtsdemokratie erstaunlich, aber wahr: Immer noch überwiegt die Zahl der Produktiven die der Unproduktiven. Die Mehrheit der Parlamentsabgeordneten aber hat die produktive Seite der Welt niemals kennengelernt. Sie haben nämlich niemals außerhalb geschützter Werkstätten – mit ehrlicher Arbeit – ihr Geld verdient.

Sie waren, ehe sie es ins Parlament geschafft haben, Beamte, Gewerkschafter, Funktionäre beruflicher (Zwangs-) Standesvertretungen, Mitarbeiter staatseigener oder staatsnaher Unternehmen oder hauptberufliche Angestellte politischer Parteien. Für nicht wenige der „Volksvertreter“ verlief die Karriere noch direkter, nämlich vom Kreißsaal über den Hörsaal in den Plenarsaal. Akademiker, die das Fehlen jeglicher Berufserfahrung nicht selten durch beeindruckende Arroganz kompensieren. Ohne je den beschwerlichen Umweg über marktfähige Leistungserbringung gemacht zu haben, waren sie niemals etwas anderes als Schüler, Studenten und Politprofis. Man kann die Bürgernähe und das Verständnis für die Sorgen des „kleinen Mannes" geradezu mit Händen greifen, über die dieser Typus eines völlig weltfremden Berufspolitikers verfügt.

Erfolgreich unter Marktbedingungen zu bestehen, bedeutet, etwas zu produzieren und anzubieten, wonach eine kaufkräftige Nachfrage besteht. Jemand, der seine Sinne einigermaßen beisammen hat, gibt sein sauer verdientes Geld nicht für Dinge aus, von denen er erwartet, dass sie ihm keinen Nutzen bringen werden.

„Wer den Markt verhöhnt, der verachtet damit die Menschen."

Roland Baader

Politmandatare haben es – wie die Beamten auch – entschieden leichter. Sie brauchen auf ihre Finanziers nicht viel Rücksicht zu nehmen. Sie müssen sich niemals darum sorgen, dass ihrem Angebot keine kaufkräftige Nachfrage gegenüberstehen könnte. Denn darauf kommt es in der Sphäre der Politik – sehr im Gegensatz zu jener des Marktes – nicht an. Die tributpflichtigen Untertanen haben nämlich keine Chance, Abgeordneten mittels Kaufzurückhaltung das Einkommen zu verweigern. Denn die teilen es sich einfach selbst zu – aus Steuermitteln. Das entkoppelt – bei staatlichen Rundfunksendern, die ihr Publikum täglich mit schwer zu ertragenden Zumutungen quälen, verhält es sich nicht anders – ihre Tätigkeit von jeder Notwendigkeit, auf die Wünsche der Zahler einzugehen. Aus Sicht der Begünstigten ein Paradies.

Es ist nicht weiter verwunderlich, dass es bevorzugt die Bewohner geschützter Werkstätten in die Politik zieht. In der Privatwirtschaft Tätige können sich einen derartigen Luxus gewöhnlich nämlich nicht leisten. Wo soll der Chef eines mittleren

Unternehmens, der Manager eines Konzernbetriebs oder auch ein kleiner Arbeiter oder Angestellter die Zeit hernehmen, um ein politisches Amt auszuüben, mit dem ein Vollzeitengagement verbunden ist? Er würde gezwungen sein, seinen bürgerlichen Beruf aufzugeben und seine Existenz vollständig von der Politik abhängig zu machen. Bei Beendigung seiner politischen Karriere stünde er dann möglicherweise vor dem Nichts. Nur wenige schaffen den Spagat zwischen politischer Betätigung und der Bewahrung ihrer beruflichen Unabhängigkeit. Beamte, Gewerkschafter und Kammerfunktionäre dagegen können ihren Dienstposten behalten, lassen sich freistellen und können nach ihrer Politkarriere (und einigen in Abwesenheit erfolgten Gehaltssprüngen) einfach wieder zu ihrem früheren Dienstgeber zurückkehren. Ungleicher könnten die Einstiegsbedingungen für eine Karriere als Politiker gar nicht verteilt sein.

Nur ganz nebenbei sei festgestellt, dass Beamte – als Angehörige der Exekutive oder Judikative – wohl kaum eine Funktion in der Legislative annehmen können, ohne damit das vorgeblich praktizierte Prinzip der Gewaltentrennung zu verletzen. Auf diesen Umstand scheint offenbar niemand auch nur einen Gedanken zu verschwenden.

Nun vertreten nicht wenige die Ansicht, dass auch Politik gelernt sein will – nicht anders als Architektur, Medizin oder das Tischlerhandwerk. Es steht außer Streit, dass eine ausgedehnte, qualitativ hochwertige Ausbildung die notwendige Grundlage jeder erfolgreichen beruflichen Tätigkeit darstellt – zumindest, wenn man unter Marktbedingungen zu arbeiten gedenkt. Von jemandem, der die Metallbearbeitung nicht von der Pike auf gelernt hat, ist nicht zu erwarten, dass er einmal als Werkzeugmacher oder Maschinenschlosser eine gute Figur machen wird. Es verursacht keine großen Schwierigkeiten, einen guten von einem miesen Schuhmacher, einen fähigen Designer von einem unfähigen zu unterscheiden.

„Dieser ganzen fanatischen Verteidigung von Planwirtschaft und Sozialismus liegt oft nichts anderes zugrunde als das insgeheime Bewusstsein der eigenen Minderwertigkeit und Ineffizienz. Menschen, die sich ihrer Unfähigkeit im Wettbewerb bewusst sind, verachten ‚dieses kranke Konkurrenzsystem'. Wer seinen Mitmenschen nicht zu dienen in der Lage ist, will sie beherrschen."

Ludwig von Mises

Doch was genau kennzeichnet die handwerklichen Qualitäten eines guten Politikers in einer Demokratie? Was unterscheidet ihn von einem weniger guten? Und weshalb braucht man zwar eine klar definierte Ausbildung, um das Schneidergewerbe ausüben zu dürfen, während es aber nirgendwo eine Politikerschule gibt, in der man die Voraussetzungen zur Ausübung eines politischen Mandats erwerben könnte? Kann man diesen Beruf etwa gar nicht erlernen? Muss man am Ende, ausgestattet mit ganz besonderen Talenten, dafür geboren sein?

Das einzige Kriterium, das in der Demokratie den guten vom schlechten Politiker unterscheidet, ist der Wahlerfolg. Kein Mensch preist die Qualitäten eines Wahlverlierers. Der Sieger dagegen steht im Rampenlicht, wird von den Medien hofiert und von seinen Wählern bejubelt. Die Gründe, die ihn zum Erfolg geführt haben, interessieren kaum. Er hat eben einfach vieles oder alles richtig gemacht. Ungeachtet der Tatsache, dass er – anders als ein Neurochirurg oder ein Gärtner – nie im Zuge einer einschlägigen Ausbildung gelernt hat, was er später „gut" machen soll.

Der deutsche Soziologe Franz Oppenheimer hat in einem im Jahr 1914 unter dem Titel „Der Staat" erschienenen Buch die zwei grundlegend verschiedenen Wege beschrieben, mit denen Einkommen erzielt werden können: entweder mit Arbeit oder mittels Raub. Ein Drittes gibt es nicht. Die Unterscheidung kann in gleicher Weise auch zwischen wirtschaftlichen und politischen Mitteln getroffen werden. Wirtschaftliche Mittel sind die des erzeugenden Sektors – des Marktes. Hier wird produziert und getauscht – es gibt keine Leistung ohne Gegenleistung. Beide werden in freiwilliger Übereinstimmung der beteiligten Parteien erbracht. Da im Gegensatz dazu der Staat nichts Marktfähiges produziert und daher über keine eigenen Mittel verfügt, greift er zum politischen Mittel, um sich Einkommen zu verschaffen: zum Raub. Die Staatsgewalt dient demnach dem primären Zweck, mittels Androhung oder Ausübung von Gewalt Geld aus den Unterworfenen zu pressen – zumindest aus den wirtschaftlich Erfolgreichen unter ihnen.

Der gute, das heißt der bei Wahlen erfolgreiche, Politiker, ist derjenige, der am Ende über mehr Macht verfügt, die Bürger um Teile ihres erarbeiteten Einkommens und Vermögens zu bringen, als der weniger gute. Der deutsche Ökonom Hans-Hermann Hoppe sieht in seinem Buch „Der Wettbewerb der Gauner" den Staat und seine Büttel folglich im strikten Gegensatz zu den unter Marktbedingungen tätigen Bürgern. Während letztere Güter herstellen, produziere der Staat „Ungüter".

„Die Demokratie ist die kollektive Bewirtschaftung des Neides und der Angst unter Aushebelung der ökonomischen Gesetze mittels gestohlenem Geld."

Markus Engelsberger

Jeder Wettbewerb in der Marktsphäre führt zur Verbesserung des Angebots für die Nachfrageseite. Er bewirkt Innovationen, Produktverbesserungen und/oder Preissenkungen infolge rationellerer Fertigungsmethoden. Die segensreiche Wirkung des Wettbewerbs kann man besonders gut in jenen Branchen erkennen, die verhältnismäßig schwach reguliert werden. Etwa bei Bekleidung und Unterhaltungselektronik. Nie zuvor konnte der Konsument aus einem breiteren und preiswerteren Angebot wählen als heute. Der globale Wettbewerb macht´s möglich. Man stelle einen Vergleich mit der Lage in planwirtschaftlich geführten Ländern wie Nordkorea oder Kuba an, wo es den Menschen selbst am Nötigsten fehlt.

Ein Wettbewerb in der politischen Sphäre dagegen hat völlig andere Konsequenzen – und das ist alles andere als ein Wunder. Was könnte Konkurrenz in einer nicht auf Recht, Güterproduktion und freiwilligen Übereinkünften, sondern auf Gewalt und Zwang basierenden Ordnung bewirken? Wohin sollte ein Wettbewerb in einem solchen Milieu führen, was könnte er verbessern? Er kann hier naturgemäß auf gar nichts anderes hinauslaufen als auf eine negative Personalselektion. Der bessere Tischler fertigt die schöneren Möbel. Der bessere Chirurg erzielt bessere Operationsergebnisse. Und der bessere demokratische Politiker, der – siehe oben – nichts weiter ist als ein gut organisierter Gewalttäter?

Ein derartiger Wettbewerb unter Gaunern läuft, so Hoppe, auf die „Auswahl des besten KZ-Kommandeurs" hinaus. Derjenige, der am besten lügt, betrügt und der vor keiner Schandtat zurückschreckt, setzt sich bei einer Wahl in der Massendemokratie jedenfalls gegen seine mit Resten von Anstand und Skrupeln behafteten Mitbewerber durch. Empirische Belege dafür sind zu Tausenden verfügbar. Gegenbeweise zu dieser These stehen indes aus.

Kann für die Bürger tatsächlich je ein Vorteil darin liegen, wenn die denkbar übelsten Kreaturen mit einem Maximum an Macht ausgestattet werden? Aus Sicht derjenigen, die im Staat eine Umverteilungsmaschinerie sehen, der sie ihre gegenleistungsfreie Vollversorgung verdanken, möglicherweise schon. Es sollte nach allen von sozialistischen Gesellschaften ausgehenden Lehren indes auch radikalen Linken im Westen einzuleuchten beginnen, dass eine auf Kapitalverzehr durch Umverteilung gründende Ordnung mit einem Ablaufdatum versehen ist. Die im demokratischen Wettstreit siegreichen Gauner können zwar den eitlen Versuch unternehmen, die Mehrheit des Volkes mit immer weiteren Wahlgeschenken zu korrumpieren. Sie können damit fortfahren, immer mehr Transferempfänger um das Geld von immer weniger Leistungsträgern durchzufüttern. Gelingen wird das auf Dauer aber nicht. Es geht hier nicht um eine Frage der Ideologie, sondern um eine der puren Logik…

„In sein Dorf zurückgekehrt, berichtete der Zentralafrikaner vom Voodoo der Europäer: Man werfe dort alle vier Jahre Zettel in Kisten und hoffe, dass in den nächsten vier Jahren die Wünsche in Erfüllung gehen.“

Michael Klonovsky

Ein Blick in die Geschichtsbücher zeigt, dass es sich bei nicht wenigen Monarchen Europas um überaus intelligente, gebildete, feinsinnige und kunstverständige Individuen gehandelt hat. Viele von ihnen traten als Förderer von Wissenschaft, Technik und schönen Künsten in Erscheinung. Der römische Kaiser Marc Aurel ging als bedeutender Philosoph in die Geschichte ein. Rudolf II. von Habsburg versammelte die bedeutendsten Künstler seiner Epoche an seinem Hof und legte eine eindrucksvolle Sammlung von Kunstschätzen an. Kaiser Leopold I., seiner Abwehrkämpfe gegen aus dem osmanischen Reich stammende Eindringlinge wegen liebevoll „Türkenpoldl“ genannt, tat sich als Komponist von Arien, Musikkomödien und geistlicher Musik hervor. Friedrich II. (der Große) spielte Traversflöte und komponierte zahlreiche Konzerte für dieses Instrument, die heute noch aufgeführt werden. Außerdem pflegte er, zur geistigen Anregung, persönliche Kontakte zu einigen Intellektuellen, unter anderem mit dem französischen Philosophen Voltaire. Viele wohlhabende Adlige traten als bedeutende Kunstmäzene in Erscheinung. So beschäftigte etwa die in Eisenstadt residierende ungarische Magnatenfamilie Esterházy nicht nur ein eigenes Orchester, sondern war über Jahrzehnte hin auch Arbeitgeber eines der bedeutendsten Komponisten der „Wiener Klassik“, Joseph Haydn. Die Liste ließe sich noch über viele Seiten fortsetzen.

Die herrschenden Adelsfamilien legten stets größten Wert auf die solide Bildung ihres Nachwuchses. Ihre Kinder wurden zudem konsequent auf die späteren Führungsaufgaben vorbereitet: gebildete Regierungsprofis von Kindesbeinen an.

Wie verhält es sich mit dem Führungspersonal moderner Massendemokratien? Die Tatsache, dass Berufspolitiker in aller Regel keine wirtschaftlichen Meriten vorzuweisen haben, wurde bereits gewürdigt. Welche kulturellen, geistigen oder wissenschaftlichen Leistungen können demokratische Politiker für sich in die Waagschale werfen? Bedeutende Kunstförderer unter ihnen wollen einem nicht einfallen – von ausübenden Künstlern ganz zu schweigen. Wen wundert´s? Was sollte denn von den Proleten, die heute Parlamente und Regierungsfunktionen besetzen, zu erwarten sein? Wie würde sich wohl ein von Martin Schulz, Sigmar Gabriel oder Werner Faymann komponiertes Oratorium anhören? Wie sich ein von François Hollande geschriebenes Drama lesen? Man mag es sich gar nicht vorstellen. Wenn sich Politiker in Demokratien als Autoren betätigen, kommen dabei Werke wie „The Winning of the West" oder „Mein Kampf" heraus. Der Autor des erstgenannten Buches, der „Rough Rider" Theodore Roosevelt, 26. Präsident der USA, hält übrigens, im Hinblick auf die darin enthaltenen rassistischen Ausfälle, jedem Vergleich mit Adolf Hitler stand. Was für den einen die Juden, waren für den anderen die Indianer...

Werfen wir einen Blick auf die Karrieren einiger Spitzenpolitiker in der Alpenrepublik, wo die Dinge nicht anders liegen als in anderen europäischen Ländern. Weiter oben wurde bereits einer der Hauptgründe dafür genannt, weshalb nicht die Wirtschaft, sondern die geschützte Werkstatt den Löwenanteil des Politikernachwuchses liefert. Es gibt allerdings noch ein weiteres, starkes Motiv: Die Politik bietet Menschen, die in der Privatwirtschaft entweder völlig scheitern oder nie mehr als ein kleines Licht (mit entsprechend kleinen Bezügen) sein würden, geradezu märchenhafte Aufstiegs- und Verdienstmöglichkeiten.

Eine Person, von der kein Nachweis einer abgeschlossenen Ausbildung vorliegt und deren Biographie riesige Löcher aufweist, kann problemlos zum Kanzler der Republik aufsteigen. Ein Jungspund, dessen gesamte Qualifikation aus nicht mehr als einem abgebrochenen Studium besteht und der darüber hinaus nie durch nützliche Arbeit aufgefallen ist, wird Außenminister. Ein in der Gemeinde Wien einst als Aktenmanipulant und Bote tätiger Mann bringt es – über den Umweg einer Gewerkschaftskarriere – zum Sozialminister. Ein Maschinenschlosser steigt zum Gesundheitsminister (!) auf. Und der absolut unüberbietbare Clou: Eine angelernte Zahnarzthelferin bekleidet als Nationalratspräsidentin den zweithöchsten Posten der Republik, nachdem sie zuvor als Infrastrukturministerin gewirkt hat.

„Wer Politik treibt, erstrebt Macht – Macht entweder als Mittel im Dienst anderer Ziele – idealer oder egoistischer –, oder Macht ‚um ihrer selbst willen': um das Prestigegefühl, das sie gibt, zu genießen."

Max Weber

Nichts gegen Arbeiter und Hilfskräfte ohne höhere (Schul-) Bildung. Formale Bildungskarrieren besagen tatsächlich wenig. Dummheit, Faulheit und Niedertracht sind, nach allen Erfahrungen, einigermaßen gleich auf Grundschulabsolventen, Abiturienten und Akademiker verteilt. Gleich, was auch immer einer gelernt hat: Jeder, der für sein Geld ehrlich arbeitet, verdient Respekt. Aber was in aller Welt verhilft einem Schlosser auf das Amt des Gesundheitsministers? Was qualifiziert einen Jüngling, der kaum trocken hinter den Ohren ist und der keinerlei Meriten vorweisen kann, für das höchst anspruchsvolle Amt eines Außenministers? Dieselbe Frage stellt sich übrigens auch in Deutschland, wo ein Schulabbrecher mit einer nicht abgeschlossenen Fotografenlehre jahrelang die Funktion des Außenministers bekleidete. Eine Etage höher, auf der Ebene der Europäischen Union, führt ein gelernter Buchhändler das EU-Parlament als dessen Präsident.

Auch die Abgeordnetenbänke der Parlamente wimmeln von Typen, die in der Privatwirtschaft keine Chance auf nennenswerte Karrieren hätten. In Österreich scheint es besonders Lehrer mit besonderer Macht ins Parlament zu ziehen. Keine andere Berufsgruppe ist in der Politik derart stark präsent wie die der Lehrer. Man erkennt daran: Berufliche Unterforderung und ein Zuviel an Freizeit machen die Leute sichtlich übermütig und prädestinieren sie daher für politische Ämter…

Es ist sonnenklar, dass die genannten Personen (die Liste bietet natürlich nur eine kleine Auswahl und ist beliebig fortsetzbar) unter Marktbedingungen niemals ein Einkommen erzielen könnten, das auch nur annähernd mit dem vergleichbar ist, das ihnen ihr politisches Amt einbringt. Wie gesagt: Die mit öffentlichen Ämtern verbundenen Pfründe bieten einen ungeheuer starken Anreiz zur politischen „Arbeit".

Stützt aber nicht die Besetzung hoher und höchster Politikerämter mit dafür nicht erkennbar ausgebildeten Personen den dringenden Verdacht, dass der Politikerberuf im Grunde überhaupt keiner Qualifikation bedarf? In Abwesenheit des Staates als Arbeitgeber würden nicht wenige „gute", demokratisch gewählte Politiker vermutlich in abgerissenen Gewändern, den Hut in der Hand, durch die Fußgängerzonen schleichen und unter der Brücke schlafen.

Wenn aber die Arbeit fachlich ahnungsloser Politfunktionäre ohnehin von ihrem Beamtenstab erledigt werden muss, weil ihre eigene Urteilskraft von keinerlei einschlägigen Kenntnissen getrübt wird – wozu sie dann überhaupt in ihre Ämter einsetzen und bezahlen?

„Sage niemals, der Wunsch, mittels Zwang ‚Gutes zu tun', sei ein gutes Motiv. Weder Machtlust noch Dummheit sind jemals gute Motive."

Ayn Rand

Für machtlüsterne und an keiner nützlichen Arbeit interessierte Naturen scheint es ein prickelndes Gefühl zu sein, andere nach ihrer Pfeife tanzen zu lassen. So weit, so schlecht. Das indes ist noch nicht alles. Es geht auch um den Lebensunterhalt. Max Weber: „Es gibt zwei Arten, aus der Politik seinen Beruf zu machen. Entweder: man lebt ‚für' die Politik – oder aber: ‚von' der Politik." Die Zeiten, in denen rechtschaffene Honoratioren sich aus Idealismus und ohne Bereicherungsabsicht politisch betätigten, sind lange vorbei. Zumindest in Europa pflegen Politiker heute von der Politik zu leben. Der österreichische Ex-Kanzler Sinowatz stellte – auf sich und seine rote Entourage bezogen – dankenswerterweise klar: „Ohne Partei sind wir nichts.“ Er sagte damit indes nur die halbe Wahrheit, denn die Partei ihrerseits ist ja nichts ohne den Staat, dessen sie als Wirt und Werkzeug bedarf. Weber zum Wesen des Staates, den sowjetischen Revolutionär Leo Trotzki zitierend: „Jeder Staat wird auf Gewalt gegründet.“ Ohne dafür eine Volte schlagen zu müssen, lässt sich daraus ableiten: Politiker sind im Dienste des Staates agierende Gewalttäter. Da viel von ihnen niemals einen Zivilberuf erlernt oder je praktiziert haben, sind sie durch die Bank auf ihr Einkommen als Berufspolitiker angewiesen und kleben entsprechend hartnäckig auf ihren Sesseln. Auch für freigestellte Beamte und Kammerfunktionäre unter ihnen gilt: Es gibt für sie keine beruflichen Alternativen, kein Zurück, das nicht mit Einkommensverlusten und einem sozialen Abstieg verbunden ist.

Fazit: In der Privatwirtschaft sind Karrieren ohne einschlägige Kenntnisse und Fähigkeiten so gut wie unmöglich. In demokratischen Politsystemen dagegen können es unterstandslose Postkartenmaler ohne weiteres bis zum Reichskanzler bringen …

Fünftes Kapitel
Das Waffenarsenal der demokratischen Eliten

„Was ist die Mehrheit? Mehrheit ist der Unsinn, Verstand ist stets bei wen'gen nur gewesen. Man soll die Stimmen wägen und nicht zählen. Der Staat muss untergehn, früh oder spät, Wo Mehrheit siegt und Unverstand entscheidet."

Friedrich Schiller, „Demetrius"

Im ersten Kapitel wurde bereits auf das bestehende „demokratische Paradoxon" hingewiesen. Dieses besteht darin, dass von den Bürgern für jede Frage politische Lösungen verlangt und erwartet werden, obwohl das Vertrauen in die Kompetenz des handelnden Personals sehr gering ist. Von welch dramatisch schlechter Qualität die Ratschlüsse und Entscheidungen der Politelite sind, können ebenso hartgesottene wie leidensfähige Naturen Tag für Tag den Medien entnehmen. Zarter besaitete Zeitgenossen sind gut beraten, besser gleich zum Chronik- oder Sportteil weiterzublättern. Wozu sich über etwas aufregen, das auf dem Boden der bestehenden Ordnung ohnehin nicht zu ändern ist?

Dennoch gilt: Kein Regime, gleich welcher Natur, kann auf Dauer bestehen, wenn es nicht über ein gewisses Minimum an Rückhalt in der Bevölkerung verfügt. Selbst eisenharte Diktatoren kommen nicht darum herum, die Masse bei Laune zu halten, um sich für längere Zeit im Sattel zu halten. Die zu diesem Zweck einzusetzenden Strategien hat Niccolò Machiavelli in seinem großartigen Buch „Der Fürst" beschrieben. An diesen Prinzipien hat sich seit der Renaissance nicht viel geändert.

Regierungen setzen heute wie damals auf vielerlei Methoden zur Beeinflussung der Massen. Etwa auf Zuckerbrot, Peitsche und Desinformation. Dank eines umfassenden Wertewandels und vieler technischer und organisatorischer Hilfsmittel, von denen etwa zur Zeit Machiavellis ein Cesare Borgia nur träumen konnte, ist das Arsenal der Machthaber heute indes wesentlich umfangreicher bestückt. Zwar ist den europäischen Regierungen seither eine der tragenden Säulen ihrer Regentschaft – die christliche Religion – als Herrschaftsinstrument abhandengekommen. Dieser Verlust wird aber durch den Einsatz neuer Glaubensinhalte – etwa den von der „sozialen Gerechtigkeit", den des unermüdlichen Kampfes gegen den vermeintlich anthropogenen Klimawandel, gegen jede Form der „Diskriminierung" oder gegen die Atomkraft, mehr als wettgemacht.

Welche sind nun die stärksten Waffen der Regierungen und deren Büttel bei ihrem Kampf um einen Platz am mit Steuermitteln wohlgefüllten Futtertrog? Die Anwendung welcher Tricks erlaubt es den Regierungen, sich – trotz ihres zu Recht miserablen Bildes in der Öffentlichkeit – im Amt zu halten?

„Soziale" Umverteilung

Rechtmäßig erworbenes Einkommen und Vermögen sind im sogenannten „Rechtsstaat" keineswegs unantastbar. Zwar verspricht der einen gewissen Schutz vor räuberischen Übergriffen und Begehrlichkeiten privater Akteure. Doch die Besteuerung – also die ohne Zustimmung des Betroffenen erfolgende Einhebung von Tributen durch den Leviathan – ist das sein Wesen bestimmendes Element. Solange er sich auf seine Kernaufgaben Landesverteidigung, Sicherheitsproduktion im Inneren und Justiz beschränkt, sind die dadurch entstehenden Lasten relativ gering. Ein Blick auf die Lage vor der explosionsartigen Erweiterung der Staatszuständigkeiten – also etwa zur Zeit vor dem Ersten Weltkrieg – zeigt: Mit einem maximalen Steuertarif von fünf Prozent auf die Einkommen findet ein solcher „Minimalstaat" das Aukommen. In der österreichisch-ungarischen Doppelmonarchie belief sich die von Finanzminister Eugen von Böhm-Bawerk eingeführte Einkommenssteuer am Vorabend des Großen Krieges auf genau diesen Satz.

„Der Wohlfahrtsstaat ist eine Methode, die Leute mit ihrem eigenen Geld vom Staat abhängig zu machen."

Gerd Habermann

Daniel Mitchell vom konservativen US-Cato Institute hält eine Steuerquote von 15 Prozent für ausreichend, um einen moderaten Sozialstaat zu unterhalten. Von derart niedrigen Steuerlasten ist der allsorgende Wohlfahrtsstaat mit seinen Legionen von unproduktiven Umverteilungsbürokraten und müßigen Systemprofiteuren indes meilenweit entfernt. Österreich zum Beispiel nähert sich rasant einer 50-prozentigen Steuerquote. Die „Sozialquote", also die Aufwendungen für „Soziales" (in der Hauptsache Pensionszahlungen und Gesundheitsdienstleistungen), beläuft sich auf rund 30 Prozent des BIP.

Der französische Ökonom und Publizist Frédéric Bastiat sah im Staat einst „…die große Fiktion, durch die jeder versucht, auf Kosten aller anderen zu leben“, [5] und traf damit den Nagel exakt auf den Kopf. Denn auch konfiskatorisch hohe Steuer- und Abgabenlasten werden widerstandslos hingenommen, solange die Zahler der Illusion erliegen, dafür ein überproportional großes Stück vom Umverteilungskuchen zurückzubekommen. Ist es für die einen besonders wichtig, ihre Kinder „gratis“ zur Schule schicken und später studieren lassen zu dürfen, ist es für die anderen die Aussicht darauf, im Bedarfsfall „kostenlos“ ein Hüftimplantat verpasst zu bekommen. Die einen fahren gerne mit der hochsubventionierten Eisenbahn, während die anderen es schätzen, zu moderaten Tarifen die staatlichen Theaterbühnen besuchen zu können. Wieder andere versprechen sich sichere Rentenzahlungen aus dem staatlichen Pensionssystem. Auf diese Weise fühlt sich am Ende jeder irgendwie als Profiteur der „sozialen Umverteilung“. Dass dabei der Wunsch der Vater des Gedankens ist und es mit den Regeln der Logik schlicht unvereinbar ist, dass das Umverteilungsspektakel ausschließlich Gewinner und keine Verlierer produziert, liegt auf der Hand.

„Nichts ist in der Regel unsozialer als der sogenannte Wohlfahrtsstaat. Solche Wohltaten muss das Volk immer teuer bezahlen, weil kein Staat seinen Bürgern mehr geben kann, als er ihnen vorher abgenommen hat – und dann noch abzüglich der Kosten einer zwangsläufig immer mehr zum Selbstzweck ausartenden Sozialbürokratie.“

Ludwig Erhard

In Wahrheit bilden „horizontale Transfers“ – also die Umverteilung innerhalb ein und derselben sozialen Schicht – längst den Löwenanteil der bewegten Mittel. Nicht der Fürsorgeaspekt für die „sozial Schwachen“ bildet also den Schwerpunkt der Aktivitäten der Umverteilungsbürokratie, sondern die Verschiebung von Geldern innerhalb der Mittelschicht – also jener

Gruppe der Gesellschaft, die den Großteil der Steuerlasten zu tragen hat.

Da Staatsbürokraten gemeinhin nicht dazu neigen, ihr heißes Bemühen zum Wohl der Untertanen unentgeltlich zu entfalten, sind die umverteilten Mittel um den Betrag der Personalkosten dieser braven Leute zu vermindern. Diese „Reibungsverluste“ sind keineswegs gering. Ein kurzer Blick auf den Budgetposten „Personalaufwand für den Öffentlichen Dienst“ verschafft rasch Klarheit. Man braucht weder ein Mathematik- noch ein VWL-Studium absolviert zu haben, um einzusehen, dass es für die Steuerzahler wesentlich kostengünstiger wäre, die Leistungen, an denen sie tatsächlich interessiert sind, selbst zum Vollpreis zu bezahlen und dafür einen entscheidend niedrigeren Tribut an den Fiskus zu entrichten. Zwar wird sich das Staatsopernticket dadurch verteuern und für die Hüft-OP ein durchaus nennenswerter Preis zu bezahlen sein. In der Endabrechnung aber bleibt dem Steuerpflichtigen – dank des Wegfalls der horrenden Kosten der Umverteilungsbürokratie – dennoch deutlich mehr Geld übrig.

Die Wirkung der materiellen Umverteilung ist nicht allein auf ihren monetären Aspekt beschränkt. Dass Umverteilung vermögensrelevante Konsequenzen nach sich zieht, liegt auf der Hand. Doch „Vermögen“, das darf nicht übersehen werden, ist nicht nur die Bezeichnung für eine bestimmte Summe materieller Mittel, sondern auch ein Ausdruck für die Fähigkeit zum Handeln. Viel Vermögen zu besitzen bedeutet vielfältige Handlungsmöglichkeiten. Wenn also Vermögen (durch Besteuerung) entzogen wird, bedeutet das die Einschränkung der Optionen der beraubten Personen oder Gesellschaften. Da Umverteilung aber keineswegs dem Zweck dient, die Handlungsmöglichkeiten derer zu erhöhen, zu deren Gunsten sie angeblich inszeniert wird, sondern lediglich deren Konsum finanziert, ist der einzig wahre Nutznießer dieser Maßnahme, wie der französische Philosoph Bertrand de Jouvenel schreibt, der Umverteiler selbst – der Staat.

„Umverteilung ist tatsächlich viel weniger die Umverteilung von freiem Einkommen von den Reicheren zu den Ärmeren, sondern vielmehr eine Umverteilung von Macht vom Individuum zum Staat.“

Bertrand de Jouvenel

Zum einen reduziert er nämlich die Handlungsfreiheit der geschädigten Seite, während er zugleich die andere von sich abhängig – und damit willenlos und gefügig macht. Wer auf den dauerhaften Bezug gegenleistungslosen Einkommens konditioniert wird, ist der Willkür seines vermeintlichen Wohltäters vollständig ausgeliefert.

Der Umstand, dass der Großteil der den „Reichen“ entzogenen Mittel keineswegs bei den „Armen“ ankommt, sondern vielmehr dazu dient, unübersehbare Horden von Bürokraten und staatsabhängigen Mitarbeitern der völlig unproduktiven Wohlfahrtsindustrie zu unterhalten, ist daran zu erkennen, dass die Zahl der Armen oder „Armutsgefährdeten“ nicht kleiner wird. Vielmehr steigt deren Zahl offensichtlich proportional zur Summe der umverteilten Mittel – zumindest dann, wenn man der Propaganda der einschlägigen Profiteure (Caritas, Diakonie, „Armutskonferenz“ und so weiter) Glauben schenkt. Die Zauberworte zur ständigen Fortsetzung des heroischen Kampfes gegen die Armut lauten „Armutsgefährdung“ und „relative Armut“. Letztere tritt nach Meinung der Armutsbekämpfungsindustriellen dann ein, wenn das Einkommen niedriger liegt als bei 60 Prozent des Medianwertes. Die ganze Zweifelhaftigkeit dieses Konzepts offenbart sich in der folgenden Tabelle, in der einige Verteilungsbeispiele verglichen werden:

Abwegiges Konzept der „relativen Armut“ – orientiert am Medianeinkommen

Einkommen		Kollektive Einkommensverdoppelung bleibt wirkungslos		Zunehmende Zahl von „Besserverdienern“ bedeutet mehr Arme		Insgesamt sinkendes Einkommensniveau: weniger oder keine Armen		Zunehmende Zahl der Geringverdiener bedeutet weniger oder keine Armen	
300		600		600		600		300	
300	14,29%	600	14,29%	600	47,62%	600	Keine	300	Keine
300	Arme	600	Arme	600	Arme	600	Armen	300	Armen
500		1000		1000		600		300	
500		1000		1000		600		300	
500		1000		1000		600		300	
500		1000		1000		1000		300	
500		1000		1000		1000		300	
500		1000		1000		1000		300	
500	60%/Median	1000	60%/Median	1000	60%/Median	1000	60%/Median	300	60%/Median
800	480	1600	960	2000	1200	1000	600	300	180
800		1600		2000		1000		800	
800		1600		2000		1000		800	
800		1600		2000		1600		800	
1000		2000		4000		1600		1000	
1000		2000		4000		1600		1000	
1000		2000		4000		1600		1000	
4000		8000		16000		2000		4000	
4000		8000		16000		2000		4000	
8000		16000		32000		2000		8000	
10000		20000		40000		8000		10000	

Relative Armut ist dieser brillanten Idee nach niemals zu beseitigen. In einer Gesellschaft von Milliardären werden dadurch nämlich Millionäre zu hilfsbedürftigen Armen. Damit ist endlich das Perpetuum mobile erfunden, denn zumindest die Arbeitsplätze in der Armutsbekämpfungsindustrie sind damit nachhaltig gesichert. Da Caritas, Diakonie und Co mit der Ausrottung des Elends ihre Geschäftsgrundlage verlieren würden, sorgen deren Funktionäre nach Kräften dafür, dass das nie passiert. Deren Mitarbeiter kontern diese Anmerkung zu ihrer Verteidigung übrigens gerne mit dem unsinnigen Vergleich eines Vorwurfs an die Ärzteschaft, diese würde schließlich auch aus der Krankheit von Menschen Nutzen ziehen.

Doch nicht alles, was hinkt, ist ein Vergleich! Der Unterschied zwischen Ärzten und Elendsprofiteuren besteht darin, dass erstere nichts dazu tun, um Menschen krank zu machen. Letztere jedoch sorgen mit ihren populären und vermeintlich „sozialen“ Forderungen aktiv dafür, dass sich an der mit Arbeits- und Obdachlosigkeit einhergehenden Armut nie etwas ändern wird – und das wissen sie auch. Mit ihren Forderungen nach gesetzlichen Mindestlöhnen (um vorgeblich der „Ausbeutung“ durch üble Kapitalisten entgegenzuwirken), Mietpreisdeckelungen (um gewissenlosen Miethaien die Suppe zu versalzen) und so weiter bewirken sie indessen genau das. Schlecht oder gar nicht ausgebildete Arbeitssuchende finden dann keinesfalls Jobs und Obdachlose niemals eine Wohnung. Würden die wohlmeinenden Bessermenschen über ein Minimum an ökonomischen Grundkenntnissen verfügen und tatsächlich das Los ihrer Klienten (oder sollte man besser von wehrlosen Opfern sprechen?) verbessern wollen, würden sie augenblicklich auf derartige Forderungen verzichten.

Worauf es wirklich ankommt, ist nicht der Vergleich mit anderen, sondern allein die Frage, ob das jeweilige Einkommen dafür ausreicht, seinen Lebensunterhalt zu bestreiten. Solange das der Fall ist, ist es ohne jeden Belang, ob sich die vielbeschworene „Schere zwischen Arm und Reich“ tatsächlich auftut oder nicht. Wen kann es kümmern, ob der Nachbar eine Yacht und einen Hubschrauber sein Eigen nennt, solange er selbst über eine geheizte Wohnung und etwas zu essen verfügt?

„Wenn es stärkere Anreize gibt, zu nehmen, anstatt zu produzieren, gehen Gesellschaften zugrunde.“

Mancur Olson

Die Konzentration nahezu aller Ökonomen und Sozialpolitiker auf die (angeblich oder tatsächlich) zunehmende Ungleichverteilung von Einkommen und Vermögen führt zu nichts Gutem. Außer der Befeuerung des Neides vermeintlich Zukurzgekommener auf die „Reichen“ ist damit nichts gewonnen. Kaum hat der im Sold der französischen Sozialisten stehende Thomas Piketty seinen von linker Ideologie triefenden Wälzer „Das Kapital im 21. Jahrhundert“ veröffentlicht, wird es schon für Legionen von sozialbewegten Gleichheitsfanatikern zum Anlass, weitere und noch höhere Steuern zu fordern. Dass mit einer zunehmenden materiellen Ungleichheit indes die Verbesserung der Lebensumstände der Ärmsten in einer Gesellschaft einhergeht, wird am Beispiel Chinas deutlich. Was ist am Ende wohl besser: die für sozialistische Gesellschaften kennzeichnende Gleichheit in Unfreiheit und Armut oder die Hinnahme von Ungleichheit bei allgemeinem Wohlstand?

Kinderverstaatlichung

Noch jedes totalitäre Regime hat auf die Verstaatlichung von Kindern und Jugendlichen gesetzt: Pimpfe, Komsomolzen, Jungpioniere, Rote Falken, oder wie auch immer diese Jugendorganisationen heißen mögen, bereiten den auf Linie gebrachten Nachwuchs konsequent auf seine spätere Rolle als moralfrei funktionierende Prätorianergarden der jeweiligen Regime vor. Ob es sich um formale Entitäten wie die oben genannten handelt, oder ob die Gehirnwäsche im Rahmen einer weniger formellen, ganztägigen Zwangsbeschulung erfolgt, macht im Ergebnis keinen wesentlichen Unterschied.

„Bemerkenswerterweise ist die gebildete Schicht einfältiger als die ungebildete. Die begeistertsten Anhänger des Marxismus, des Nationalsozialismus und des Faschismus waren die Intellektuellen, nicht die Grobiane.“

Ludwig von Mises

Die Vorstellung, dass eine bessere Bildung nicht nur die Lebenschancen der Menschen erhöhen, sondern auch deren Moral heben würde, ist nicht neu. Schon die Philosophen der griechischen Antike hingen dieser Illusion an. Die Aufklärer der Neuzeit ebenfalls. Dass die allgemeine Schulpflicht von den damals regierenden Monarchen nicht etwa aus Liebe zum Volk und zur Hebung von dessen Moral eingeführt wurde, sondern vom handfesten Interesse daran geleitet wurde, brave Untertanen und gehorsame Soldaten zu züchten, ist evident.

Wie auch immer: Die Hoffnungen wohlmeinender Bildungsoptimisten haben sich zu keiner Zeit je erfüllt. Die Menschheit gelangt durch ein Mehr an Wissen nicht auf ein höheres moralisches Niveau. Im Gegenteil: Wie Ludwig von Mises treffsicher anmerkte, wurden die schlimmsten politischen Irrungen stets von Angehörigen der Bildungseliten in die Welt gesetzt. Zu hoffen, die Welt zu verbessern, indem man den Kindern frühzeitig egalitäres Denken beibringt, ist mit Sicherheit verfehlt. Die Vorstellung, dass ein staatlich beherrschtes Schulsystem überhaupt vernünftige Ergebnisse zeitigen könnte, ist, angesichts einer kolportierten Quote von 25 Prozent funktionaler Analphabeten nach neun Jahren Zwangsbeschulung, hinfällig.

Auch – und gerade – linke Politiker legen bekanntermaßen größten Wert darauf, ihren eigenen Nachwuchs auf (konfessionelle) Privatschulen zu schicken, während sie den Normalsterblichen unentwegt die Vorzüge des staatlichen Gesamtschulwesens anpreisen. Ihr Vertrauen in die Wissensvermittlungskapazität der egalitären Gesellschaftsklempner, die auf den Spielwiesen staatlicher Bildungseinrichtungen zugange sind, scheint in dem Moment schlagartig zu erlahmen, an dem die eigenen Sprösslinge davon betroffen sein würden.

„Die Menschen in Umstände zu versetzen, wo jeder die gleichen Chancen hat, ist extremer Totalitarismus.“

Friedrich August von Hayek

Kinder sollen durch die frühzeitige und intensive Entfremdung von ihren Eltern auf zuverlässige Staatsgläubigkeit getrimmt werden. In der Zwangstagsschule erklären ihnen Menschen, die ihr Lebtag nie etwas anderes kennengelernt haben als das vollkaskoversicherte Leben eines pensionsberechtigten Beamten, wie die große, weite Welt funktioniert. Dass diese Welt, außerhalb der geschützten Werkstätte, ungerecht, grausam und kalt ist, steht für sie völlig außer Frage. Wenn überhaupt etwas für Sicherheit, Stabilität und Gerechtigkeit sorgen kann, dann nichts und niemand anderes als der demokratisch verfasste Staat.

Ein möglichst langer Verbleib der Kinder und Jugendlichen im Schul- oder Hochschulsystem nutzt natürlich zuallererst den Mitarbeitern dieser Institutionen. Die leben immerhin nicht schlecht davon. Das bleibt nicht folgenlos, denn die Botschaften der Systemlinge kommen sehr wohl bei ihren leicht beeinflussbaren Zöglingen an. Während die Zahl derjenigen, die einen Lehrberuf anstreben, immer weiter zurückgeht, explodieren die Zahlen von Gymnasialschülern und Studenten – insbesondere in den für eine Tätigkeit in der Privatwirtschaft wertlosen Orchideenfächern, in denen man akademische Grade ohne allzu große Anstrengungen erlangen kann.

Das unentwegte Getrommel für eine möglichst weitgehende Akademisierung aller Lebensbereiche hat fatale Konsequenzen. Eine davon: Gewerblich tätige Lehrherren finden kaum noch Azubis, die auch nur das kleine Einmaleins im Kopf berechnen können. Von der Lösung anspruchsvollerer Aufgaben ganz zu schweigen. Da die Grundschulen (die in Österreich, von der fünften Schulstufe an, ab sofort auf den sinnfreien Namen „neue Mittelschulen" hören) zu Restschulen verkommen, in denen – zumindest in den urbanen Ballungsgebieten – bevorzugt die Kinder orientalischer Zuwanderer und einheimischer „bildungsferner Schichten" (ein von linken Bessermenschen gerne gebrauchter Euphemismus für Dauerarbeitslose) deponiert werden, ist das kein Wunder. Jeder, dessen Kind wenigstens einigermaßen intelligent dreinschauen kann und der über die dafür erforderlichen Nerven verfügt, peitscht es – koste es, was es wolle – zum Abitur.

Heute keine geeigneten Lehrlinge finden zu können, bedeutet, morgen über kein Angebot an qualifizierten Facharbeitern zu verfügen. Zu erkennen, was das mittel- und langfristig für die Qualität der Arbeit handwerklicher Gewerbebetriebe bedeutet, braucht es nicht allzu viel Phantasie. Einen Schneider zu finden, der imstande ist, ein halbwegs tragbares Sakko anzufertigen, dürfte schwierig werden. Das Auto in die Werkstatt zu bringen, um etwa die Bremsen neu belegen und einstellen zu lassen, wird bald nicht mehr ohne ein gewisses Prickeln in der Magengrube möglich sein.

Dass mehr und mehr Großbetriebe dazu übergehen, immer größere Teile ihrer Produktion ins Ausland zu verlagern, scheint die politisch Verantwortlichen weder zu alarmieren noch zu veranlassen, nach den Gründen dafür zu suchen. Erst wenn – nach den Konzernen – auch noch die letzten produzierenden mittelständischen Unternehmen ihre Zelte abgebrochen haben werden, wird langsam die Erkenntnis reifen, dass eine entwickelte Volkswirtschaft nicht von den Hervorbringungen weltfremder Intellektueller leben kann, sondern Leute braucht, die einen Nagel gerade in die Wand schlagen und ein paar Bleche fehlerfrei zusammenschweißen können. Das für seine Ingenieurskunst, seine Auto- und Maschinenbauindustrie berühmte Deutschland wird schon demnächst nicht mehr über das Fachpersonal verfügen, um seinen Vorsprung vor seinen Wettbewerbern halten zu können.

„Eine Gesellschaft, in der auf einen Physikstudenten drei Politologen und zwei Gender-Mainstream-Beauftragte kommen, die dann bei Attac oder Greenpeace landen, ist auf dem Rückzug aus der Aufklärung."

Anonymus

Zum Ausgleich dafür dürfen wir uns aber immerhin über eine Flut von Soziologen, Politikwissenschaftlern, Publizisten und Kunsthistorikern freuen, die auf der Suche nach einer gut dotierten Stelle allesamt beim Staat anklopfen werden. Für produktive Tätigkeiten in Privatbetrieben sind diese Leute ja in den meisten Fällen weitgehend unbrauchbar. Sobald dann die Staatsanstellung glücklich gefunden ist, lassen sie ihrer Abneigung, ja ihrem Hass auf die Marktwirtschaft lebenslang ungehemmt freien Lauf. Verständlich: Wes Brot ich ess, des Lied ich sing…

Die undifferenzierte Propaganda für eine Erhöhung der Akademikerquote führt einerseits zum Niedergang des Handwerks, da für diejenigen, die erst einmal das Abitur geschafft haben, eine Lehre natürlich nicht mehr in Frage kommt. Andererseits auch dazu, dass alle möglichen Tätigkeiten nun plötzlich akademisiert werden, die bislang, auch ohne ein abgeschlossenes Studium, zur allgemeinen Zufriedenheit erbracht wurden:

Kindergärtnerinnen, Krankenschwestern, Grundschullehrer, medizinisch-technische Assistenten, ja sogar Heeresoffiziere – sie alle erhalten nun akademische Weihen.

Dass ein guter Krankenpfleger sich vor allem dadurch auszeichnet, Empathie für die Leidenden mitzubringen, über ausreichende Körperkraft zu verfügen und sich möglichst vor nichts zu ekeln, verblasst vor der mit einem Mal wesentlich wichtigeren Fähigkeit, eine wissenschaftliche Arbeit verfassen zu können. Welche Verrücktheit!

Besonders solche Studienrichtungen, deren Absolvierung keine allzu großen Anstrengungen erwarten lassen, werden von den Studenten gestürmt. Abschluss ist schließlich Abschluss und Master ist Master. Das meinen einfach allzu viele, für die eine universitäre Ausbildung nur einen Vorwand dafür bildet, (noch) nicht erwerbstätig zu werden. Schließlich gibt's das Universitätsstudium ja „gratis".

Von der Wirtschaft hauptsächlich gefragt sind indes die Absolventen der MINT-Studien: Mathematik, Informatik, Naturwissenschaften und Technik. Daran besteht seitens der Studierenden jedoch eher zurückhaltendes Interesse.

Die geschlechtsspezifische Ungleichverteilung der Studenten zieht ebenfalls Folgen nach sich: Frauen meiden die „harten Fächer" und streben bevorzugt Ausbildungen im Sozialbereich an. Entsprechend wenige Frauen findet man beispielsweise an den technischen Hochschulen. Geht es aber um die Betrachtung der Verteilung von Einkommen, ist es mit der Differenzierung vorbei. Dann lautet der lakonische Befund, dass Frauen auch in akademischen Berufen weniger gut entlohnt werden als Männer. Dass erstere nach einem Plauderstudium weitgehend stressfrei für den Leviathan tätig sind, während die Männer als Manager oder Produktentwickler in verantwortungsvollen Positionen in der produzierenden Wirtschaft arbeiten, fällt dann unter den Tisch. Beklagt werden allein die angeblich herrschenden „Ungerechtigkeiten des heteronormativen Systems". Selbstverständlich ist damit die „Politik gefordert", umgehend Gleichstellungsmaßnahmen einzuleiten…

Ausweitung des Kreises der Wahlberechtigten

Im Laufe der Zeit wurde die Zahl der Wahlberechtigten Schritt für Schritt ausgedehnt. Waren es in der attischen Demokratie gerade einmal zehn Prozent der Bürger, die über das Recht verfügten, politische Entscheidungen zu treffen (wobei Wahlen damals keine annähernd so große Rolle spielten wie heute), waren es in der Neuzeit zunächst Personen, die über ein beträchtliches Vermögen verfügten. Ein „Zensuswahlrecht" (das, wie im dritten Kapitel beschrieben, erstmals in archaischer Zeit von Solon in Athen eingeführt wurde) stellte sicher, dass die abgegebenen Stimmen nicht nur gezählt, sondern auch gewogen wurden. Besitz und Steuerleistung bestimmten den Wert einer Stimme.

„Eines von beiden wird früher oder später weichen müssen: das freie Gesellschafts- und Wirtschaftssystem oder der heutige Wohlfahrtsstaat."

Wilhelm Röpke

Frauen verfügten recht lange überhaupt nicht über das Recht, zu wählen. In Österreich war es anno 1919 so weit. In der Schweiz sogar erst im Jahr 1971. Das allgemeine, gleiche Wahlrecht ist somit eine recht neue Erfindung. Die Zuerkennung des Wahlrechts an Jugendliche und Ausländer (wenn zunächst auch nur auf kommunaler Ebene) sind entschiedene Schritte im Sinne einer weiter voranschreitenden Politisierung der Gesellschaft. Ob dem zuletzt lauter gewordenen Ruf nach einem „Kinderstimmrecht", das von den Eltern ausgeübt werden soll, nachgegeben wird, bleibt vorerst abzuwarten. Da diese Idee primär orientalischen Zuwanderern zugutekäme, die als einzige Gruppe unserer Gesellschaft überhaupt noch Nachwuchs in die

Welt setzen und die absolut unverdächtig sind, Parteigänger bürgerlicher Parteien zu sein, ist damit zu rechnen, dass demnächst engagierte Linke auf den Geschmack kommen und diesen Gedanken vorantreiben werden.

Wie bereits weiter oben ausgeführt, führt eine Entkopplung von Macht und Verantwortung geradewegs ins (Finanz-) Chaos. Wer sich – mangels selbst erarbeiteten Einkommens oder Vermögens – ausschließlich aufs Erheben von Forderungen versteht, die von anderen zu finanzieren sind, pflegt meist nicht über den Tellerrand hinauszublicken. Das Wahlrecht jedem einzuräumen, der ein Kreuzchen malen kann, führt zu dessen stärkerer Bindung an den Staat. Da mit dem Wahlrecht keinerlei Verantwortung oder Verpflichtung verbunden ist, kann auch nicht erwartet werden, dass es die damit Ausgestatteten auf eine höhere Stufe der Moral befördern wird. Das Gegenteil ist der Fall.

Primäre Nutznießer einer Erweiterung des Kreises der Stimmberechtigten sind, einmal mehr, die Regierenden, die sich damit eine breitere Zustimmungsbasis für ihre schwergewichtig auf Umverteilung abzielende Politik verschaffen.

Aushöhlung des Eigentumsrechts

Die laufend voranschreitende Relativierung privater Eigentumsrechte geht Hand in Hand mit der weiter oben behandelten „sozialen Umverteilung“ und bildet deren wesentliche Voraussetzung.

Zivilrechtlich ist Eigentum unantastbar. Wurde es auf rechtmäßige Weise erworben, gibt es daran nichts mehr zu rütteln. Wie Eigentum entsteht und an welche Voraussetzungen es gebunden ist, hat der britische Philosoph John Locke anno 1689 in brillanter Weise beschrieben [6].

„Das Sondereigentum schafft eine staatsfreie Sphäre des Individuums, es setzt dem Auswirken des obrigkeitlichen Willens Schranken, es lässt neben und gegen die politische Macht andere Mächte aufkommen. Das Sondereigentum wird damit zur Grundlage aller staats- und gewaltfreien Lebensbetätigung, zum Pflanz- und Nährboden der Freiheit, der Autonomie des Individuums…“

Ludwig von Mises

Wenn, um es anhand eines Beispiels zu erläutern, Rolando Villazón oder Anna Netrebko für eine ihrer Gesangsdarbietungen ein Honorar kassieren, für das Krethi und Plethi ein Jahr lang arbeiten müssten, ist daran nichts zu bemängeln. Keiner der Zuhörer, die aus freien Stücken dafür bezahlt haben, hat das Recht, nachträglich sein Geld zurückzufordern, wenn die vereinbarte Leistung erbracht wurde. Zivilrechtliche Verträge kommen nämlich ohne freiwillige Willensübereinstimmung nicht zustande. Sie schaffen klare Fakten und damit Rechtssicherheit und Frieden. Ware gegen Geld. Keine weiteren Diskussionen.

Zivilrechtlich ist eine gewaltsame „Korrektur" von Vermögensverhältnissen, die durch einwandfrei zustandegekommene Rechtsgeschäfte geschaffen wurden, somit undenkbar.

Öffentliches „Recht" folgt anderen Regeln: Der Staat erhebt, gestützt auf sein Gewaltmonopol, Steuern und Abgaben, ohne das Einverständnis seiner Insassen einzuholen. Faustregel: Je sozialistischer er verfasst ist, desto höher die Tarife. Er greift dabei einseitig und ohne jede Rücksicht auf den Willen der Geschädigten in private Eigentumsrechte ein. Privates Eigentum ist für den Staat alles andere als unantastbar.

Um seine Raubzüge mit der Aura der Rechtmäßigkeit zu umgeben, sind Kunstgriffe nötig, die von allerlei Staatsapologeten, Juristen und Philosophen wort- und trickreich legitimiert werden. Die Relativierung privater Eigentumsrechte mittels kontinuierlicher Ausdehnung des Geltungsbereichs öffentlichen Rechts ist der wichtigste dieser Kunstgriffe.

Der den modernen Massendemokratien immanente „demokratische Sozialismus" versucht nicht, sein Ziel – eine Art Ameisenstaat mit menschlichen Bewohnern – wie weiland die Bolschewiken gewaltsam und brutal zu verwirklichen. Er setzt vielmehr auf parlamentarische Mehrheiten. Die Absicht, die Produktionsmittel zu verstaatlichen und den Privatbesitz insgesamt abzuschaffen, ist selbst bei rabiaten Linksauslegern inzwischen weitgehend aus der Mode gekommen.

Stattdessen verlegen sie sich nunmehr auf die Behauptung, dass kein Einkommen – gleich ob es aus selbständiger oder unselbständiger Tätigkeit stammt – demjenigen gehört, der es erarbeitet hat. Ein willkürlich festgesetzter Teil davon stehe vielmehr der Gesellschaft zu. Ist diese kühne Behauptung erst einmal allgemein akzeptiert, steht keine logische Begründung mehr zu Verfügung, warum die Höhe der Tributforderungen nach oben zu begrenzen sei. Erst bei einer 100-prozentigen Steuerquote ist Schluss. Der Staat nimmt es sich zugleich heraus, die den Werktätigen abgenommene Beute nach Gutdünken, und ohne die Steuerzahler nach ihrer Meinung zu fragen, an seine Günstlinge zu verteilen.

„Besteuerung ist Diebstahl, schlicht und einfach, wenn sie auch Diebstahl in einem dermaßen großen Maßstab ist, dass kein gewöhnlicher Verbrecher ihn erreichen könnte. Sie ist die Zwangspfändung des Eigentums der Staatseinwohner beziehungsweise seiner Untertanen.“

Murray N. Rothbard

Nach der Definition von Hans-Hermann Hoppe ist der Staat eine Unrechtsorganisation, die durch pure Gewalt entsteht und die durch das „Recht“, Steuern zu erheben, gekennzeichnet ist. Unter den Bedingungen einer Mehrheitsherrschaft bringen die Wähler stets jene politischen Kräfte an die Macht, von denen sie sich versprechen, dass sie ihnen die größten (materiellen) Vorteile – auf Kosten anderer – bringen werden. Die Herrschenden lassen daher die Massen an ihrer Beute partizipieren – an den Erträgen ihrer Aggression gegen das private Eigentum.

Die Übergriffe des Staates in die Zivilrechtssphäre nehmen schrittweise zu, da verschiedene einflussreiche Interessengruppen einen entsprechenden Einfluss auf die Gesetzgebung nehmen. Der Staat kann daher niemals „gezähmt“ werden Seine Ausdehnung gleicht dem von malignen Tumoren, deren Wachstum erst mit dem Untergang des befallenen Organismus endet.

Ist er erst einmal etabliert, ist jeder Versuch, dem Staat Grenzen zu setzen, vergebens. Die Entwicklung kann – dank des bereits beschriebenen „Sperrklinkeneffekts“ – nur einen Kurs laufen: Richtung Expansion. Auch eine Verfassung ist, wie schon weiter oben angemerkt, nicht dazu geeignet, seine Expansion zu verhindern. Ein verfassungsmäßig limitierter Staat ist vielmehr ein Widerspruch in sich. Eine „Verfassungsmehrheit“ vorausgesetzt, können auch grob minderheitenfeindliche Programme gesetzeskonform verwirklicht werden.

Noch jede Organisation, die als Minimalstaat begonnen hat, entwickelt sich früher oder später zum Maximalstaat. Das Beispiel der USA liefert in dieser Hinsicht wertvolle Erkenntnisse. Die Herren Jefferson, Madison, Washington und die meisten übrigen „Gründerväter“ würden im Grabe rotieren, wenn sie sehen könnten, zu welch einem zentralistisch regierten, die Freiheit unterdrückenden Monstrum ihre Schöpfung mittlerweile verkommen ist. [7] Dabei hatten sie sich nach Kräften bemüht, genau das durch ein fein austariertes System der Gewaltenteilung zu verhindern. Vergebens.

Staatsverschuldung

Ein nachhaltig funktionierendes Staatswesen zeichnet sich – wie ein verantwortungsvoll geführter Betrieb oder Privathaushalt – dadurch aus, dass seine Einnahmen und Ausgaben miteinander in Einklang stehen. Dehnt der Staat seine Betätigungsfelder – und damit seine Ausgaben – aus, muss er auch seine Einnahmen erhöhen. Die Möglichkeiten zur Steigerung seiner Einnahmen stoßen indes an Grenzen. Wie der US-Ökonom James Buchanan einst lapidar feststellte, ist nämlich „die Steuerlast endlich".

„Eher bringt man einen Pudel dazu, sich eine Wurstsammlung anzulegen, als ein Parlament dazu, bei vollen Staatskassen nicht neue Ausgaben zu beschließen."

Joseph Schumpeter

Steuerlasten, die ein bestimmtes Ausmaß übersteigen, generieren wachsende Widerstände. Die Bürger werden „erfinderisch" in ihren Vermeidungsstrategien (seien diese legal oder illegal), und der Eintreibungsaufwand wächst. Außerdem erfreuen sich Steuererhöhungen grundsätzlich keiner besonderen Beliebtheit und führen überdies regelmäßig zu für die politische Klasse höchst unerquicklichen Debatten über deren Ausgabenexzesse. Ein Blick auf den Istzustand in Österreich (Stand Januar 2015) ist alarmierend. Die im Vertag von Maastricht festgelegte Obergrenze der Staatsschulden von 60 Prozent des BIP ist weit überschritten. Aktuell steht die Alpenrepublik bei 86,6 Prozent – Tendenz weiter steigend. Pro Nase der Erwerbstätigen im Lande macht das 68.360 Euro. Dank eines extrem niedrigen Zinsniveaus fallen pro Erwerbstätigem jährlich „nur" 1.112 Euro Zinsen an. [8]

Ein probates Mittel, um den mit Steuererhöhungen verbundenen Debatten zu entgehen, bietet das Mittel der Staatsverschuldung. Es versetzt Regierungen in die angenehme Lage, Wohltaten sofort verteilen zu können. Zahlen müssen andere – zu einem späteren Zeitpunkt, zu dem möglicherweise bereits eine andere Regierung im Amt ist, die der Bevölkerung dann unpopuläre Sparmaßnahmen schmackhaft zu machen hat. Es verhält sich nicht anders als im Privathaushalt, der seine Konsumwünsche nicht zügeln kann und sich daher ebenfalls mit Krediten belastet.

Schulden zu machen, ist nicht grundsätzlich schlecht. Werden damit wohl geplante Investitionen in aussichtsreiche Projekte getätigt und ist außerdem absehbar, dass eine Rückzahlung der aufgenommenen Kredite ohne unlösbare Probleme möglich sein wird, ist alles in Ordnung. Genau das ist aber im Falle von Staatsausgaben zum überwiegenden Teil eben nicht der Fall.

Ein kleiner Einschub zur Bedeutung des Begriffs „Investition“: Der auf das lateinische „investire“ (einkleiden) zurückgehende Begriff aus der Betriebswirtschaftslehre meint den Einsatz finanzieller Mittel zu dem Zweck, Erträge zu erzielen, um ein bestehendes Vermögen dadurch zu mehren. Investiv handeln können demnach sowohl Private und Unternehmen als auch der Staat.

Politiker pflegen, wann und wofür auch immer sie das Geld der Steuerzahler verbraten, grundsätzlich stets von „Investitionen“ zu schwadronieren. Sie „investieren“ in die Altenpflege, in Rentenerhöhungen, in Gleichstellungs- und Integrationsmaßnamen, ins Bildungssystem, in den Bau von Sozialwohnungen, und so weiter. Nichts davon wird dem betriebswirtschaftlichen Begriffsinhalt gerecht. In jedem dieser Fälle handelt es sich um einen Aufwand, nicht um eine Investition. Dank fehlender ökonomischer Kenntnisse des größten Teils der Wahlberechtigten, die nach eigener Einschätzung kaum Verständnis für wirtschaftliche Zusammenhänge haben, wird der entscheidende Unterschied zwischen Aufwand und Investition aber kaum wahrgenommen. Leichtes Spiel für die politische Klasse.

„Den bestehenden Zustand darf man wohl eine ‚Diktatur, beruhend auf der Ausnutzung der Emotionalität der Massen' nennen."

Max Weber

Bildungsaufwand als Investition zu etikettieren, wäre nur dann korrekt, wenn er dazu führte, dass er in der Folge Erträge (durch eine Erwerbstätigkeit in der produktiven Wirtschaft) zu erzielen ermöglichte. Davon kann aber, pauschal betrachtet, mit Sicherheit keine Rede sein.

Dass Ausgaben für die Altenversorgung sinnvoll und wünschenswert sind, steht außer Frage. Das ändert aber nichts daran, dass es dabei dennoch um keine „Investitionen" geht. Wieder handelt es sich um einen Aufwand. Aber selbst scheinbar investive staatliche Projekte entpuppen sich bei näherer Betrachtung nicht selten als gut getarnter Konsumaufwand. Das in Österreich so beliebte Löcher-durch-Berge-Graben, um in der Folge Eisenbahnzüge durchrollen zu lassen, in denen weder Passagiere sitzen noch Waren transportiert werden, kann schwerlich als Investition durchgehen. Es handelt sich um das, was man als „gestrandetes Investment" bezeichnet. Einziger Sinn und Zweck dieser Geldverbrennungsaktionen ist es, am Cäsarenwahn erkrankte Landeshauptleute (in Deutschland: Ministerpräsidenten) zufriedenzustellen. Es handelt sich hierbei um die kakanische Spielart des Föderalismus. Auch diese „Investitionen" sind de facto reiner Konsumaufwand.

„In jedem Fall stützt sich der Staat auf die Herrschaft über die Druckmittel der Propaganda, um seine Untertanen davon zu überzeugen, dass sie ihren Herrschern gehorchen oder diese sogar lobpreisen sollen."

Murray N. Rothbard

Die Zeiten, in denen der Staat mit dem Steuergeld seiner Bürger tatsächlich noch nennenswerte Investitionen tätigte, ist lange vorbei. Der Anteil der Staatsausgaben, die auf die Infrastruktur und die innere und äußere Sicherheit entfallen, geht laufend zurück. Der auf Beamtengehälter, Rentenzahlungen, Gesundheitsdienstleistungen und so weiter entfallende nimmt dafür explosionsartig zu. Auch „Investitionen" in „erneuerbare Energien" (was für eine unsäglich unsinnige Wortschöpfung) sind natürlich keine. Ohne massive Subventionen ist in Mitteleuropa kein einziges Windrad und nicht ein Sonnenkollektor wirtschaftlich sinnvoll zu betreiben. Keine Investitionen also, sondern haarsträubende Ressourcenvergeudung. Etikettenschwindel allerorten, wohin man auch blickt.

Der ehemalige Chef der Fed, des US-Notenbankensystems, Alan Greenspan, machte in einem NBC-Interview klar, inwiefern Staatsschulden sich von Schulden privater Akteure unterscheiden, als er zu Protokoll gab: „...die USA können alle Schulden bezahlen, die sie haben, weil wir immer Geld drucken können, um das zu tun. Daher ist die Wahrscheinlichkeit eines Zahlungsverzugs gleich Null." Damit ist alles gesagt.

Was für die USA gilt, trifft natürlich gleichermaßen auch auf andere (durchweg staatliche) Geldmonopolisten zu. Wie hoch die Schulden auch immer sein mögen: Am Ende ist das völlig belanglos, solange genügend Papier vorrätig und eine funktionierende Banknotenpresse zur Hand ist. Die Zahlungsunfähigkeit eines Staates kann unter diesen Umständen tatsächlich nie eintreten – solange er die Gläubiger zur Annahme seiner bedruckten Zettel zwingen kann. Im Falle der USA dürfte das beinahe weltumspannend der Fall sein. So nimmt es nicht wunder, dass die Fed es sich leisten kann, eine aggressivere Geldpolitik zu betreiben als alle anderen Notenbanken – besonders im Vergleich zur EZB.

Die mit Greenspans Aussage verbundene Botschaft lautet: Eine Zahlung in monopolisiertem Staatsgeld ist unter bestimmten Umständen wertlos. Denn dass es nicht folgenlos bleiben kann, wenn die Geldmenge, wie von Greenspan ungeniert angedroht und unter sonst gleichen Bedingungen, grenzenlos ausgedehnt wird, liegt auf der Hand. Dazu mehr im Abschnitt „Demokratisches Geldsystem“.

Einer der entscheidenden Treibsätze für die Staatsverschuldung ist das heute europaweit verwirklichte Umlagesystem zur Pensionsfinanzierung. Solche Umlagesysteme (die Rentenzahlungen erfolgen dabei aus den Beitragsleistungen der Aktiven und nicht aus den Erträgen eines Kapitalstocks) – ungeachtet ihrer übrigen Mängel – funktionieren nur dann, wenn sich Ein- und Auszahlungen in Balance befinden. Diese Balance zu halten, ist unter den Umständen, die in einer freizeit- und konsumfixierten Gesellschaft herrschen, die zudem rasant altert, ein schwieriges Unterfangen. Im Grunde ähnelt ein umlagebasiertes Pensionssystem in einer alternden Gesellschaft einem Pyramidenspiel. Während aber ein privater Initiator einer derartigen Lustbarkeit recht bald mit dem Strafrichter Bekanntschaft machen würde, ist alles in bester Ordnung, wenn der Staat es tut. Wenn zwei das Gleiche tun, ist das noch lange nicht dasselbe...

„Der Staat ist nicht die Lösung für unsere Probleme, er ist das Problem.“

Ronald Reagan

Die Staatszuschüsse zu den Pensionen tendieren im Umlagesystem deshalb laufend dazu, zu steigen, weil es die Regierenden einfach nicht wagen, auf die erfreulicherweise steigende Lebenserwartung mit einer Ausdehnung der einen Pensionsanspruch begründenden Lebensarbeitszeit zu reagieren. Der Anteil der aktiven Phase an der gesamten Lebenserwartung, in der Pensionsbeiträge bezahlt werden, sinkt daher ständig. Zugleich erweitert sich der Kreis der Bezugsberechtigten. Dass das nicht auf Dauer gutgehen kann, sollte einleuchten. Tut es aber nicht.

Während die Ausbildungszeiten kontinuierlich zunehmen, weist das Pensionsantrittsalter (wie zuletzt in Deutschland, wo aus rein populistischen Gründen ein abschlagsfreier Pensionsantritt mit 63 möglich gemacht wurde) eine eher sinkende Tendenz auf. Der österreichische Sozialwissenschaftler Bernd Marin kleidete diesen Sachverhalt, anlässlich eines Vortrags vor Wirtschaftstreibenden, in die launige Feststellung, dass man sich den Zeitpunkt ausrechnen könne, ab dem es möglich sein wird, „… dass man vom Hörsaal direkt in den Ruhestand wechselt“. Es kann indes kein unlösbares Problem sein, den Menschen diese offensichtlichen Zusammenhänge näherzubringen und Einsicht in die Notwendigkeit von schmerzhaften Eingriffen in vermeintlich „wohlerworbene Rechte“ zu schaffen.

Dass nur ein Kapitaldeckungssystem geeignet ist, dem einzelnen Versicherten Schutz vor den Bocksprüngen der Sozialstaatsbürokratie zu gewähren, steht auf einem anderen Blatt. Mittels individueller Pensionskonten, die durch einen Kapitalstock gedeckt werden, wären die Renten vor willkürlichen politischen Zugriffen sicher. Als Mittel der „sozialen Umverteilung“ wäre ein derartiges Pensionsprinzip allerdings nicht geeignet. Aus genau diesem Grund kommt es für unsere sozialdemokratisierten Gesellschaften in Europa (derzeit noch) nicht in Frage.

Die Verschuldung der modernen Massendemokratien ist eines ihrer größten strukturellen Probleme. Dabei sagen die amtlich veröffentlichten Zahlen bei weitem nicht die volle Wahrheit, da sie nur den „expliziten“ Teil der eingegangenen Verbindlichkeiten angeben. Ein noch größerer Teil der Schulden entfällt jedoch auf deren „impliziten“ Teil – und der wird von keiner vergleichenden Statistik erfasst. Der größte Brocken dieses nicht ausgewiesenen Teils der Staatsschulden entfällt auf die kapitalisierten und auf den Barwert abgezinsten Anwartschaften auf spätere Pensionszahlungen.

Wie bereits ausgeführt, handelt es sich bei umlagefinanzierten Berentungssystemen faktisch um Pyramidenspiele, die laufend steigende Nachschusszahlungen erfordern, um weiterzulaufen. Nicht viel anders verhält es sich leider auch mit den Kosten der aus öffentlichen Mitteln finanzierten, staatlichen Gesundheitskolchosen: Minimale (oder gar keine) Beitragszahlungen berechtigen derzeit zur Inanspruchnahme selbst der teuersten medizinischen Behandlungen. So wunderbar das in einer perfekten Welt des Überflusses sein mag: Diese Welt existiert, seit der Vertreibung der Menschen aus dem Paradies, nicht mehr. Finanzierbar ist diese Chose auf Dauer jedenfalls dann nicht, wenn die Dynamik der Kostensteigerungen deutlich über jener des Wirtschaftswachstums liegt. Und exakt das ist – dem medizinischen Fortschritt und den daraus resultierenden zusätzlichen Therapiemöglichkeiten sei Dank – seit vielen Jahren der Fall.

„Es gibt zwei Wege, ein Land zu erobern und zu unterwerfen: durch das Schwert oder durch Schulden.“

John Quincy Adams

Die Angaben zur Höhe der „impliziten“ Staatsschulden gehen naturgemäß weit auseinander, da sie von der Einschätzung künftiger Zinsentwicklungen abhängen. Sie liegen jedenfalls bei einem Mehrfachen der offiziell ausgewiesenen Werte des expliziten Teils. Die im Vertrag von Maastricht festgelegten Verschuldungsgrenzen erlauben ein Ausmaß von maximal 60 Prozent des BIP. Ein nicht ganz zufällig gewähltes Schuldenkriterium. Schulden dieser Höhe sollten, ein moderates Zinsniveau von einer Höhe bis zu sechs oder sieben Prozent vorausgesetzt, kein Problem darstellen. Der Schuldenstand Deutschlands und Österreichs wird durch die Einbeziehung der versteckten Schulden aber auf einen Wert von weit jenseits der 200-Prozent-Marke katapultiert. Es ist nach menschlichem Ermessen völlig ausgeschlossen, dass der Fiskus Verbindlichkeiten in derartiger Höhe je begleichen wird. Stattdessen wird der Leviathan sich rücksichtslos an privaten Vermögen vergreifen – und zwar in einem heue noch schwer vorstellbaren Ausmaß. Und mit überhaupt nicht abschätzbaren Folgen.

Wieder einmal steht das ökonomische Prinzip der Demokratie gegen absolut notwendige und im Grunde unaufschiebbare Reformmaßnahmen. Ohne an einer oder mehreren Stellschrauben des Pensions- und des Krankenversicherungssystems zu drehen, wird der Zuschussbedarf aus Budgetmitteln notwendigerweise laufend zunehmen. Jede der notwendigen Maßnahmen (Erhöhung der Beiträge, Ausweitung der Lebensarbeitszeit und Senkung der Rentenzahlungen und Leistungsansprüche an die Gesundheitskassen) ist außerordentlich unpopulär. Der erste Politiker, der sich in der Massendemokratie aus der Deckung wagte, um eine davon zu fordern, würde für seine Partei augenblicklich zur Belastung werden. Eine dauerhafte Reduktion der Staatsverschuldung aus dem Titel Pensionsreform ist daher – zumindest in Österreich – nicht in Sicht.

Demokratisches Geldsystem

Obwohl jedermann Geld mit größter Selbstverständlichkeit verwendet und sich seiner Bedeutung für sein tägliches Leben völlig bewusst ist, machen sich doch nur wenige je Gedanken über seine Geschichte, Herkunft und seinen „inneren Wert“ (sofern vorhanden).

„Papiergeld kehrt früher oder später zu seinem inneren Wert zurück – Null.“

Voltaire

Dass Geld einst als „Warengeld“ mit einem in seinem Wesen liegenden eigenen (Gebrauchs-) Wert auf die Welt kam, ist den meisten Geldnutzern heute kaum noch bewusst, oder es interessiert sie nicht weiter. Papiergeld war einfach „immer schon“ da. Dass schließlich mit der Transformation des Geldwesens vom Warengeld zu einem papierenen „Fiat Money“ ohne jeden intrinsischen Wert schwerwiegende Konsequenzen für das gesamte Gesellschaftssystem einhergehen, erschließt sich nur denjenigen, die sich grundlegend mit monetären Fragen auseinandersetzen.

Da hier nicht der Platz für ausführliche Erörterungen zu diesem Thema ist, sei auf die einschlägigen Literaturempfehlungen im letzten Teil des Buches verwiesen. An dieser Stelle nur so viel: Jedes Warengeld (gleich, ob Biberfelle, Scheffel voll Weizen, Ziegen, Goldmünzen oder Silberbarren) verfügt über einen unschlagbaren Vorzug: Es ist – ganz im Gegensatz zu ungedecktem Papiergeld – nicht beliebig und kostenfrei vermehrbar. Allein dadurch ergibt sich eine gewisse Stabilität seines (Tausch-) Wertes.

Geldinflationierung ist allerdings keine Erfindung des Papiergeldzeitalters. Denn auch schon vor der Erfindung papierener Banknoten erlagen die über das Geldschöpfungsmonopol verfügenden Herausgeber immer wieder der Versuchung zur Geldverschlechterung: Die Verringerung der Münzgewichte und eine Verringerung des Edelmetallanteils in den Münzen versetzten sie schon damals in die Lage, sich zu Lasten der Geldbesitzer zu bereichern. Seit der im Jahr 1971 erfolgten, endgültigen Lösung staatlicher Zahlungsmittel von jeglicher Bindung an Realwerte (von 1934 bis zu diesem Zeitpunkt besicherte eine Unze Gold den Wert von 35 US-Dollar) gibt es überhaupt kein Halten mehr. Der letzte „Goldanker" ist seit damals gelichtet. Die Welt schwimmt nunmehr auf einem Meer von ungedecktem Papier- und Giralgeld, das auf Zuruf der Regierenden beliebig vermehrt werden kann – und auch wird. Im Vergleich zu den Mühen einer Verschlechterung von Münzgeld bedeutet die „Verdünnung" einer Papierwährung kaum nennenswerten Aufwand. Die Zahl der auf einen Geldschein gedruckten Nullen ändert schließlich nichts an dessen Herstellungskosten…

„Der Unternehmer ist der einzige Schöpfer von Wohlstand, vorausgesetzt, der Staat hindert ihn nicht daran!"

Jean-Baptiste Say

Man versetze sich in die Lage desjenigen, der ein allgemein akzeptiertes Zahlungsmittel in beliebiger Menge herstellen und die Verwendung jeglicher Alternativwährungen unterbinden kann. Der Betreffende müsste schon ein Heiliger sein, um seine Macht zur Geldschöpfung nicht zu missbrauchen. Heilige sind indes selten – insbesondere unter Politikern. Und besonders für demokratische Regime sind die Verlockungen zur Geldverschlechterung überaus stark. Monarchen, die, anders als demokratische Regierungen, nicht unentwegt auf den nächsten Wahltermin schielen, brauchen keine Stimmen zu kaufen. Anreize zur Geldmengenausweitung zum Zwecke der Wählerbestechung und des Stimmenkaufs kennen sie daher nicht.

Demokratische Regierungen dagegen neigen, getrieben von den Begehrlichkeiten verschiedenster Interessenvertretungen, zum hemmungslosen Einsatz der Notenpresse, wenn es ihnen damit möglich scheint, das Wirtschaftswachstum zu befeuern, die Arbeitslosigkeit zu bekämpfen, den kollektiven Wohlstand zu mehren und die jeweils eigene Klientel durch die Finanzierung allerlei kostspieliger Lustbarkeiten bei Laune zu halten. Es ist daher kein Wunder, dass die Kaufkraft der heute in aller Welt gebräuchlichen Papierwährungen, ganz anders als die von Gold, laufend abnimmt.

Der US-Dollar hat seit Schaffung des Fed-Systems im Jahr 1913, also in rund 100 Jahren, 95 Prozent seiner Kaufkraft eingebüßt. Anderen Papierwährungen geht es nicht besser. Was geschieht, wenn die Notenpressen einmal etwas zu schnell laufen, kann man ermessen, wenn man sich die in der Weimarer Republik im Jahr 1923 eingetretenen Ereignisse vergegenwärtigt: Hyperinflation. Der Unterschied eines Fiat-Geldsystems zu einem Warengeldwesen könnte gar nicht größer sein: Für den Gegenwert einer Unze Feingold erhält man heute – wie schon vor 2000 Jahren, am Beginn der römischen Kaiserzeit – eine komplette Herrenausstattung. Gold ist eben Geld, das zur Stabilisierung seiner Kaufkraft keiner Behörde bedarf.

„Wann immer Zerstörer unter den Menschen erscheinen, beginnen sie damit, das Geld zu zerstören, denn das Geld ist der Schutz der Menschen und die Grundlage moralischen Daseins. Die Zerstörer bemächtigen sich des Goldes und geben seinen Besitzern dafür ein wertloses Bündel Papier. Damit werden alle objektiven Maßstäbe vernichtet und die Menschen der Willkür derjenigen ausgeliefert, die nun willkürlich Werte festsetzen.“

Ayn Rand

Die mit der Einführung der europäischen Gemeinschaftswährung verbundenen Risiken für die Kaufkraftstabilität entziehen sich der Vorstellungskraft der meisten Menschen. Die Euro-Zone gleicht seit der Einführung der Gemeinschaftswährung einer Versuchsstation für geldpolitische Experimente. Josef

Urschitz von der Wirtschaftsredaktion der Wiener Tageszeitung „Die Presse“ vergleicht die Bürger der Euro-Zone folgerichtig mit Laborratten.

Das Euro-Projekt wird unter tatkräftigem Zutun der EZB immer mehr zu einer Transfermaschinerie ausgebaut. Nachdem die europäischen „Südstaaten“, dank zahlreicher vorangegangener Vertragsbrüche, um ihre Konkurrenzfähigkeit gebracht und die „Nordstaaten“ im Gegenzug dafür dauerhaft zu deren Finanzierung genötigt sind, werden die Zinsen nun faktisch auf Null reduziert und Einlagen der Geschäftsbanken bei der Zentralbank mit Negativzinsen belegt. Für Einlagen bezahlen zu müssen, ist in dieser Form neu und erinnert ein wenig an das bizarre Schwundgeldexperiment im Tiroler Wörgl im Jahre 1932. Geld hat im herrschenden Schuldgeldsystem seine Bedeutung als Wertaufbewahrungsmittel endgültig verloren. Es ist eine höchst seltsame Vorstellung, dass Prosperität und Wohlstand einer Gesellschaft von der Geldmenge, beziehungsweise von der Umlaufgeschwindigkeit des Geldes, bestimmt werden könnten.

Bestraft man nun die Geldhalter dafür, dass sie ihre Barmittel nicht so rasch wie möglich ausgeben, so die Hoffnung der Beamten in der imperialen Inflationierungsbehörde EZB, könnte dadurch ein Nachfrageschub und damit eine „Ankurbelung“ der Wirtschaft erreicht werden.

Dass durch eine Erhöhung der Geldmenge und/oder eine Steigerung der Umlaufgeschwindigkeit – bei unverändertem Warenangebot – der Wohlstand steigen könnte, würde, nach dem in 100 von 100 Fällen zu beobachtenden Scheitern expansiver Geldpolitik (wie etwa in Japan seit Jahrzehnten zu beobachten ist), heute wohl nicht einmal mehr Silvio Gesell glauben. Das ficht den Herrn der EZB, Mario Draghi, und die meisten anderen Spitzenökonomen, die unentwegt einer sämtliche Sparguthaben und Zukunftsvorsorgen zerstörenden Inflation das Wort reden, indes nicht an. Sie propagieren unermüdlich ihre Sorge vor einer hypothetisch drohenden Deflation und der damit angeblich verbundenen Gefahr.

Warum der oberste aller selbsternannten Währungshüter seine vornehmste Aufgabe darin erblickt, fortwährend die Kaufkraft des Geldes zu schmälern, auf diese Weise alle Sparer schleichend zu enteignen und hemmungslose Verschuldungsorgien zu begünstigen, erschließt sich nur den mit dem Wesen eines Schuldgeldsystems gut vertrauten Beobachtern.

„Es gibt keinen Weg, den finalen Kollaps eines Booms durch Kreditexpansion zu vermeiden. Die Frage ist nur, ob die Krise früher durch freiwillige Aufgabe der Kreditexpansion kommen soll, oder später zusammen mit einer finalen und totalen Katastrophe des Währungssystems.“

Ludwig von Mises

Am Beginn jedes an breiter Front erfolgenden Preisauftriebs steht allemal eine Erhöhung der Geldmenge. Das würde sich sogar in einem Warengeldsystem (in dem jeder Geldschein durch einen realen Wert besichert ist) nicht anders verhalten. So ist der besonders von Geringverdienern massiv wahrgenommene Preisauftrieb bei Grundnahrungsmitteln zum Großteil der seit vielen Jahren betriebenen expansiven Geldpolitik der EZB geschuldet, nicht aber der „Gier“ von Produzenten und Händlern, die ja selbst unentwegt mit Kostensteigerungen zu kämpfen haben. In unserem seit 1971 weltweit herrschenden Schuldgeldsystem bilden Geldschöpfung und Verschuldung kommunizierende Gefäße. Die Guthaben der einen sind die Schulden der anderen. Zinsforderungen der Banken auf aus dem Nichts geschöpftes Geld bedingen die Notwendigkeit zur fortgesetzten Geldmengenausweitung.

Da die Geldproduktion in der Hand von Monopolisten liegt, genießen diese – im Gegensatz zu den Normalsterblichen – ausschließlich Vorteile aus einer Geldmengensteigerung. Der Geldproduzent ist der erste, der über die neue Liquidität verfügt, und leidet somit nicht am allgemeinen Preisauftrieb, der nur nachrangige Geldempfänger trifft. Etwas aus nichts schaffen und dafür auch noch Zinsen kassieren zu können – das ist ein wahrhaft märchenhafter Zustand für die Zentralbanken und ein offensichtlicher Anreiz zur laufend weitergehenden Geldverschlechterung. Die heutigen Geldproduzenten gleichen mittelalterlichen Alchemisten, wenn sie behaupten, aus wertlosem Papier reale Werte schaffen zu können.

In einem marktorientierten Vollgeldsystem, anstelle eines politischer Willkür unterliegenden Fiat-Money-Systems, wäre alles anders. Eine unbegrenzte Geldproduktion wäre – dank der Knappheit der zur Verfügung stehenden Rohstoffe und Waren – unmöglich. Außerdem hätte die Geldmenge keinerlei Einfluss auf die wirtschaftliche Entwicklung. Jede zur Verfügung stehende Geldmenge würde ihrem Zweck als Tauschmedium gerecht werden. Deflation – verstanden als ein insgesamt laufend sinkendes Preisniveau – wäre der Normalzustand jeder in ihrer wirtschaftlichen Entwicklung voranschreitenden marktbasierten Gesellschaft. Was aber wäre an einer laufenden Steigerung der Kaufkraft des Geldes verkehrt?

Die explosionsartige Zunahme der Preise für Wohnungseigentum, Aktienkurssteigerungen, die angesichts der düsteren wirtschaftlichen Aussichten im Grunde unerklärlich sind, und ein Verfall der Renditen für Staatsanleihen sind vollständig ausgeblendete Indikatoren für die planmäßig betriebene Geldschwemme im heutigen Geldsystem. Irgendwo will die neu geschaffene Liquidität schließlich hin. Nur der galoppierenden Asset-Price-Inflation ist es allerdings zu danken, dass sich der Preisauftrieb für Dinge des täglichen Bedarfs bislang in halbwegs überschaubaren Grenzen hält. Weder Aktienkurse noch Immobilienpreise finden übrigens Niederschlag in der amtlich geschönten Erhebung der „Inflationsrate". Ein zu diesem Zweck willkürlich gebildeter Warenkorb dient keinem anderen Zweck als der Vernebelung der grimmigen Realität des herrschenden Schwundgeldsystems.

„Nur Gold und Silber sind Geld. Alles andere ist Kredit."

J. P. Morgan

Ein Ende ohne Schrecken ist in diesem bösen Spiel unmöglich. Je später allerdings die Notbremse gezogen wird (um einer Hyperinflation vorzubeugen), desto brutaler wird der Aufschlag auf dem harten Boden der Realität ausfallen. Würde man – angesichts der katastrophalen Verschuldungssituation der meisten Staaten, aber auch vieler Unternehmen und Privathaushalte – die Zinsen mit einem Mal auf ein von den Kapitalmärkten geregeltes Niveau ansteigen lassen, würden augenblicklich Staatspleiten und Firmenkonkurse folgen – mit unabsehbaren Konsequenzen für die an der Geldnadel hängenden Gesellschaften.

Es würde indes nicht den Tatsachen entsprechen, wollte man allein die politische Klasse für die Etablierung und den Ausbau unseres dubiosen Schuldgeldsystems verantwortlich machen. Zwar ist es richtig, dass Zentralbanken als „Lender of last resort" primär Staatsinteressen – und damit den Regierenden – dienen. Eines der wichtigsten dieser Institute, die Bank of England, wurde im Jahre 1694 zum alleinigen Zweck gegründet, der Krone einen Kredit in Höhe von 1,2 Millionen Pfund zu gewähren, die auf dem Finanzmarkt nicht zu bezahlbaren Konditionen zu beschaffen waren. Damals ging es um die Finanzierung eines militärischen Flottenbauprojekts.

In den untergegangenen monarchistischen Systemen waren die Staatsausgaben immerhin dadurch begrenzt, dass das gemeine Volk daraus wenig oder gar keinen Nutzen zog und daher argwöhnisch darauf achtete, dass der Staatsetat nicht ins Uferlose ausgedehnt wurde. Die Französische Revolution war letztlich eine Reaktion auf die durch Ludwig XIV. begonnene und von seinen Nachfolgern zielstrebig fortgesetzte Überschuldung des Staates.

In der Massendemokratie existieren derartige Beschränkungen für die Aufblähung des Staatshaushalts nicht. Wie bereits ausgeführt, erliegen große Teile der Bürger unserer Wohlfahrtsdemokratien nämlich der Illusion, auf die eine oder andere Weise zu den Profiteuren erhöhter Staatsausgaben zu zählen. Der finanzielle Spielraum der Regierungen wird dadurch erheblich vergrößert. Da die für eine schnellebige Zeit typische Verkürzung des Planungshorizonts zu einer kollektiven Erhöhung der Zeitpräferenz führt, es daher als immer schwerer erträglich empfunden wird, für eine Anschaffung zunächst zu sparen, sind nicht länger nur die Regierenden, sondern auch deren Unterworfene an billigen Krediten interessiert.

Eine Geldpolitik, die endlos Kredit für jedenfalls unbegrenzte Konsumwünsche bereitzustellen verspricht, erfreut sich daher allgemeiner Beliebtheit. Das Mittel, dieses Mirakel herbeizuführen, ist die Manipulation des Zinses auf einen Wert unterhalb jenes Niveaus, das sich unter Marktbedingungen einstellen würde. Entsprechend niedrige Eigenkapitalvorschriften für die Geschäftsbanken und eine „lockere Geldpolitik" der Notenbanken machen es möglich. Nicht nur Staatsschranzen und Banker, die von einer verschuldungsfreundlichen Politik naturgemäß am meisten profitieren, sind davon begeistert, sondern auch die Mehrheit der Wahlberechtigten, die nun sämtliche vorher unbezahlbaren Wünsche – bis hin zum viel zu großen Haus (vom schicken Sportwagen und dem Urlaub auf Palau ganz zu schweigen) – locker finanzieren können. Die Kreditraten gibt es unter diesen Umständen ja nun beinahe geschenkt.

„Politische Macht vermag das ökonomische Gesetz niemals außer Kraft zu setzen."

Eugen Böhm Ritter von Bawerk

Weniger Begeisterung für eine derartige Geldpolitik zeigen indes diejenigen, die der Tugend des Sparens noch nicht ganz entraten haben. Denn die müssen nun zusehen, wie ihre Geldvermögen sukzessive von der Geldinflation aufgefressen werden. Sparen mittels traditioneller, risikoarmer Anlageformen (Sparbuch, Bausparen, Erlebensversicherung und so weiter) führen plötzlich zu Nettoverlusten. Um diese zu vermeiden, verbleiben nur wenige Auswege: Entweder der Sparer weicht in risikoreichere Anlageklassen (etwa Aktien) aus, er „flüchtet" in Immobilien und Edelmetalle, oder er konsumiert auf Teufel komm raus. Steigende Konsumausgaben werden von Politikern und regierungsaffinen Ökonomen seltsamerweise immer wieder als Zaubermittel zur „Ankurbelung der Konjunktur" gepriesen. Inwieweit einer Volkswirtschaft damit gedient sein sollte, dass kostspielige Auslandsurlaube gemacht, allerlei Waren aus Fernost importiert oder teure Restaurants gestürmt werden, erschließt sich allerdings auch auf den zweiten und dritten Blick nicht. Es kann nicht oft genug wiederholt werden: So wenig Konsumausgaben dem einzelnen zu Wohlstand verhelfen, so wenig tun sie das für Gemeinden, Länder oder Staaten.

Die Konsequenz aus erhöhtem Konsum und abnehmender Sparneigung ist, dass die private Kapitalakkumulation nach und nach zum Erliegen kommt. Die Bildung von Kapital mittels Konsumverzicht wird durch aus der Luft geschaffene Kredite (scheinbar) ersetzt. Der Unterschied zwischen beiden offenbart sich dem einzelnen Kreditbewerber nicht. Wäre Geld nach wie vor etwas „Greifbares", würde das Wesen eines aus dem Nichts erzeugten „Zirkulationskredits" jedermann sofort einleuchten: Im Warengeldwesen erhielte er, sagen wir, zwei Ziegen und drei Sack Saatgut ausgehändigt. Unter dem deckungslosen Papiergeldregime dagegen nur fünf Zettel. Zwei davon mit der Aufschrift „Ziege" und drei mit dem Aufdruck „Saatgut". Diese Divergenz würde auch die Dümmsten zum Nachdenken anregen. Dass bislang noch kein Schuldgeldwesen über einen längeren Zeitraum hinweg ohne Abwertungen, Inflationsdebakel oder Währungsreformen Bestand hatte, sagt mehr als genug über seine Natur aus.

Zusammenfassend kann festgestellt werden, dass die Tendenz zur Verschuldung immer weiter zunimmt, je länger ein Schuldgeldsystem besteht. Das ist seiner Systemlogik immanent. Wenn Geld aus dem Nichts geschaffen und anschließend gegen Zinsen verliehen wird, die wieder nur mittels neuer Schulden beglichen werden können, geht es gar nicht anders. Doch selbst wenn der Zins dauerhaft auf der Nullinie gehalten werden könnte, würden die vom Schuldwesen ausgehenden Anreize zerstörerische Kräfte entfesseln. Der Verlockung, sich durch die beliebig große Ausweitung der Geldmenge Vorteile auf Kosten Dritter zu verschaffen, könnte keine Regierung auf Dauer widerstehen. Schon gar nicht, wenn sie über das Geldmonopol verfügt und demokratisch gewählt wird.

Die Zahl der Geldbesitzer und Sparer wird – den gebotenen Anreizen folgend – laufend kleiner, während die der Schuldner zunimmt. Politiker und Bankmanager reden daher ganz offen einer die Debitorenseite begünstigenden Geldpolitik das Wort. Sparer werden in der Logik des Schuldgeldsystems in der Tat auch nicht mehr gebraucht. Banken sind nicht länger – wie anno dazumal – Mittler zwischen Kreditgebern und nehmern. Der Geber – der Sparer – ist überflüssig geworden. Er wurde er durch die modernen Geldalchemisten ersetzt. Ein paar Mausklicks, und schon ist der Kredit in der Form virtuellen Geldes aufs Konto gebucht. Was für eine Errungenschaft! Der Bankkredit, der keinerlei Verzicht voraussetzt, der ohne die „Leiden des Sparens" vergeben werden kann, ist zum Wunderelixier geworden, das die modernen Wohlfahrtsdemokratien am Leben erhält. Jeder Sinn fürs nachhaltige Wirtschaften, jede Einsicht in die Realität, in einer von Knappheit bestimmten Welt zu leben, wird damit zuverlässig ausgemerzt. Es wird ein böses Erwachen geben.

„Wenn die Massen im Chor singen, wird der größte Stumpfsinn zu einer feierlichen Hymne."

Leopold Kohr

Was steht bevor? Die neuerdings von der EZB in Rechnung gestellten Negativzinsen werden die Banken zu einer neuen Runde aggressiver Kreditvergabepolitik zwingen, was schon in der Vergangenheit nichts als Unheil gebracht hat (Stichwort: US-„Subprime-Krise"). Deutlich verschärfte Eigenkapitalvorschriften für die Geschäftsbanken („Basel 3") werden andererseits bewirken, dass Kredite am Ende nicht an die produzierende Wirtschaft vergeben werden (was übrigens auch keineswegs zwingend positive Effekte haben würde), sondern nur der naturgemäß konsumierende Staat sich weiter verschulden wird.

Die Vertrauenswürdigkeit der politischen Klasse wird übrigens am zu Beginn des Jahres 2015 neuerlich akut gewordenen Verschuldungsproblem Griechenlands deutlich: Keine vier Jahre zuvor drohte die Staatspleite der Balkanrepublik erstmals seit dessen Eintritt in die Euro-Zone. Damals predigten die EU-Granden geschlossen das Credo von der Notwendigkeit, das Land bei der Stange zu halten. Nur dadurch konnte angeblich Schaden von der Gemeinschaftswährung abgewendet werden. „Scheitert der Euro, dann scheitert Europa." Über ein gewisses Erinnerungsvermögen verfügende Beobachter werden sich gut an diese hanebüchene Behauptung einer prominenten Ex-FDJ-Funktionärin erinnern. Heute – viele, viele von den Phäaken mittlerweile verkohlte Euro-Milliarden später – tut dieselbe Frau zu wissen kund, dass ein Austritt Griechenlands aus der Euro-Zone überhaupt kein Problem sei. Man möchte die Chuzpe, mit der politische Würdenträger auf die Vergesslichkeit oder Blödheit des Wahlvolks spekulieren, nicht für möglich halten.

Manch historisch Kundiger hört die Worte und denkt spontan an den 6. Oktober des Jahres 1848. Damals wurde der österreichische Kriegsminister, Graf Latour, im Zuge der Revolutionswirren von einem aufgebrachten Mob gelyncht und an einer Straßenlaterne vor seinem Amt aufgehängt. Auch er hielt sich vermutlich, wie die von der Macht nicht minder verblendeten Präsidenten, Kommissare, Kanzler und Minister unserer Tage, für unangreifbar...

Wer imstande ist, einen praktikablen, unblutigen und rasch zu beschreitenden Ausweg aus dem Euro-Dilemma zu präsentieren, kann sich als Fixanwärter für den nächsten Wirtschaftsnobelpreis betrachten…

Sechstes Kapitel
Was kommt nach dieser Demokratie?

„Demokratie hat eben nichts mit Freiheit zu tun. Demokratie ist eine von Demagogen angereizte und unsicher gesteuerte Herrschaft des Mobs. Insbesondere die deutsche Demokratie trägt Züge eines weichen, durch weitgehende und als solche oft kaum mehr wahrgenommene Selbstzensur gekennzeichneten Totalitarismus.“

Hans-Hermann Hoppe

Dieses Buch wendet sich nicht gegen die Demokratie per se. Es geht, wie der Titel schon sagt, um diese Demokratie, um ihre in Ländern wie Deutschland und Österreich praktizierte Spielart. Die ist gekennzeichnet durch einen rapiden Verfall des Respekts vor den Individualrechten. Namentlich das Recht auf privates Eigentum wird immer weiter relativiert. Doch ohne gesicherte Eigentumsrechte gibt es keine Freiheit. Denn Eigentum macht frei, nicht Arbeit. Über Eigentum zu verfügen, bedeutet Unabhängigkeit für den Einzelnen. Es macht ihn unabhängig von seinen Mitmenschen, vor allem aber unabhängig vom Staat. Eine dauerhaft stabile Ordnung stellt den Schutz des Individuums vor der Aggression Dritter in den Mittelpunkt aller Überlegungen. Seine Abwehrrechte gegen den Staat sind dabei von besonderer Bedeutung.

In der Massendemokratie unserer Tage hingegen sind Individualrechte im öffentlichen Diskurs ausschließlich negativ konnotiert. Zur Sprache kommen sie nur im Zusammenhang mit Egoismus, Rücksichtslosigkeit und Gier. Wer behalten möchte, was er sich mühsam erarbeitet hat, gilt als asozial. Nicht arbeitsscheue Schmarotzer, die dauerhaft von der Sozialhilfe leben, oder mit Steuermitteln alimentierte Staatsbürokraten, die mit allem, was sie tun, produktiv arbeitende Menschen behindern, stehen in der Kritik, sondern diejenigen, die einen Teil der Früchte ihrer Arbeit nicht vom Staat verprassen lassen wollen und Steuern hinterziehen. Der Leviathan hat es verstanden, das allgemeine Bewusstsein zu schaffen, dass im Grunde allein ihm alle Vermögen und Einkommen gehören. In seiner unendlichen Großmut überlässt er indes Teile davon den Unterworfenen. Steuerhinterziehung erhält nach diesem Verständnis folgerichtig den Charakter des Diebstahls von Gemeineigentum. Eine aberwitzige Verdrehung der Tatsachen.

„Wenn das Eigentum mehr und mehr zum prekären Besitz herabsinkt, der von der Willkür der Verwaltung oder von der Gnade des Stimmzettels abhängig ist, wenn es zu einer Geisel in der Hand der Eigentumslosen oder Minderbesitzenden wird, wenn es aufhört, eines der selbstverständlichen und elementaren Rechte zu sein, das keiner anderen Begründung als der des Rechtes selbst bedarf, dann ist das Ende einer freien Gesellschaft abzusehen."

Wilhelm Röpke

Der einzelne ist nichts, die Gemeinschaft alles. Folgerichtig lautet das Credo dieser Demokratie: „Gemeinnutz geht vor Eigennutz", womit einst schon die Nationalsozialisten begründeten, weshalb das Primat des Staates über alle anderen Interessen zu stellen ist. Der unermüdliche Kampf gegen das Zivilrecht und die unaufhörliche Ausweitung des Geltungsbereichs öffentlichen „Rechts" sind das Markenzeichen unserer zunehmend totalitäre Züge tragenden Demokratie.

Für in die Krise geratene Gesellschaften und politische Systeme gilt dasselbe Prinzip wie in der Medizin: Vor einer Therapie bedarf es der Diagnose. Ehe also nun Vorschläge folgen, wie eine Zerstörung der Fundamente unserer Gesellschaft zu verhindern ist, zunächst eine Zusammenfassung des Befundes.

Diagnose

Der Begriff der Demokratie ist unserer Tage zum Synonym für Sozialismus geworden: „Kein Sozialismus ohne Demokratie, keine Demokratie ohne Sozialismus.“ Die deutsche Kommunistin Rosa Luxemburg, der wir diese Tatsachenfeststellung zu verdanken haben, durfte die Verwirklichung ihres Traums vom zwangskollektivierten Deutschland nicht mehr erleben. Nachdem die 68er-Bewegung ihren Marsch durch die Institutionen erfolgreich abgeschlossen und die Gesellschaft nahezu restlos von allen bürgerlichen Tugenden befreit hat, ist dieser Traum der Linken endlich Wirklichkeit geworden. Deutsche und Österreicher (und sämtliche übrigen Provinzen der EU) sind im demokratischen Sozialismus angekommen.

Es nimmt nicht wunder, dass in den Reden und Schriften der Linken die Begriffe „Demokratie“ und „demokratisch“ geradezu inflationären Gebrauch finden. „Alle Lebensbereiche mit Demokratie zu durchfluten“ bedeutet eben, rigoros das Recht zur individuellen Entscheidung abzuschaffen. An seine Stelle tritt das Ermessen demokratischer Kollektive. Die befinden dann über den „fairen“ und „gerechten“ Einsatz der Produktionsmittel und über eine „gerechte“ – und daher möglichst gleiche – Entlohnung der werktätigen Massen. Sie bestimmen auch Größe, Ausstattung und Preis von Wohnraum, Art und Qualität der Ernährung und tausend andere Dinge, die jeder einzelne auch für sich selbst entscheiden könnte. „Subsidiarität“ ist ein Begriff, der im Sprachschatz linker Kollektivisten nicht enthalten ist. Der große Bruder denkt und lenkt – und zwar für alle und zu jeder Zeit. Die demokratischen Sozialisten in allen Parteien sind fast am Ziel. Jetzt brauchen sie nur noch das Erbrecht zu kassieren (daran wird schon gearbeitet: Sahra Wagenknecht von der Fraktion Die Linke fordert Erbschaftssteuern von bis zu 100 Prozent [9]) und sie haben endgültig geschafft, was Marx und Engels als zwingendes Ergebnis des historischen Prozesses postuliert haben. Anders als Bolschewiken und Maoisten immerhin ganz ohne Revolution und Blutvergießen. Was für eine beachtliche Leistung...

„Nimm das Recht weg – was ist dann ein Staat noch anderes als eine große Räuberbande.“

Augustinus von Hippo

Sozialisten sind durchaus lernfähig, wie sie mehrfach bewiesen haben. Sie sind – wie es die Protagonisten ihrer nationalen Spielart vorexerziert haben – zum Beispiel schlau genug, private Betriebe und Immobilien nicht zwangsweise zu verstaatlichen. Die Unternehmer und Hausbesitzer bleiben formal deren Eigentümer. Nur die Entscheidung darüber, welche Produkte sie unter welchen Bedingungen fertigen dürfen und zu welchem Tarif sie Waren, Wohnraum und Dienstleistungen anzubieten haben, liegt nicht mehr in ihrer Kompetenz – zumindest nicht ohne massive Einschränkungen.

Die alle Lebensbereiche durchdringende Zwangsbeglückung durch den Wohlfahrtsstaat ist indes derart kostspielig, dass fast täglich neue Steuerideen zu seiner Finanzierung geboren werden. Nie waren die Steuerlasten drückender als heute. Doch wer den Großteil seiner Arbeit nicht für sich selbst und seine Angehörigen leisten darf, sondern zwangsweise für das anonyme Kollektiv von Staatsangehörigen und Volksgenossen tun muss, ist kein freier Mensch.

Eigentum zu bilden ist, angesichts würgender Steuern, dem größten Teil der Insassen des Wohlfahrtsstaates mittlerweile kaum mehr möglich. In der Zeit des „Wirtschaftswunders“ und auch noch einige Jahre danach konnten angestellte Alleinverdiener, wenn auch nicht ohne Entbehrungen, beispielsweise noch Wohnungseigentum schaffen. Nicht wenigen von ihnen war es sogar möglich, ihren Traum vom Häuschen im Grünen zu verwirklichen. Damit ist es längst vorbei.

Heute müssen schon zwei Einkommen her, um sich einigermaßen respektable Wohnverhältnisse leisten zu können. Ein gut verdienendes Paar, das zehn Jahre lang eisern spart, hat dann gerade einmal die Eigenmittel zusammen, die es in die Lage versetzt, sich für weitere 25 Jahre bei der Bausparkasse zu verschulden, um eine Wohnung in mäßiger Lage zu erwerben. Die dafür maßgebliche Explosion der Immobilienpreise ist ebenfalls Vater Staat zu verdanken. Seine „expansive Geldpolitik" bildet nämlich die Hauptursache dafür. Ein Ende dieser Entwicklung ist nicht abzusehen. Die Zahl der in eigenem Wohnraum lebenden Bürger wird sich weiter verringern – und damit das Vermögen der Haushalte.

„Je mehr Beschränkungen und Verbote es in der Welt gibt, desto ärmer werden die Menschen."

Lao-Tse

Es ist trostlos, wenn eine Mehrheit von einer Minderheit unterdrückt wird. Noch wesentlich bitterer ist es allerdings, wenn eine Minderheit unter die Fuchtel einer gnadenlosen Mehrheit gerät. In einer Massendemokratie mit einem allgemeinen, gleichen und geheimen Stimmrecht ist letzteres der Fall. Die Mehrheit der vermeintlich Zukurzgekommenen hetzt der Minderheit der mutmaßlich unverdient Wohlhabenden eine Regierung an den Hals, die sie fortgesetzt drangsaliert und ausplündert. Die dahinterstehende treibende Kraft sind der Neid und das aus ihm entspringende Verlangen nach materieller Gleichheit, die durch Umverteilung erreicht werden soll. Der dabei entstehende und entweder gar nicht wahrgenommene oder leichtfertig in Kauf genommene Kollateralschaden ist ein unaufhörlicher Machttransfer vom Bürger zur Regierung.

Die im vorigen Kapitel beschriebenen Waffen in der Hand demokratischer Regime sind desto mächtiger, je größer der geographische Raum ist, in dem sie eingesetzt werden können. Kleine Staaten bieten ihren Bürgern daher meist mehr Freiheit als große. Sie tun das nicht, weil ihre politischen Führer über mehr Edelmut verfügen, sondern weil die Leistungsfähigsten ihrer Bürger und Finanziers nicht in die Emigration getrieben werden sollen. Nicht umsonst stehen kleiräumige Ökonomien, wie Singapur, Hongkong, Luxemburg, die Schweiz oder Neuseeland, im internationalen Vergleich so außerordentlich gut da [10].

Die Erklärung, warum in kleinräumigen Strukturen weniger Umverteilung stattfindet als in großen, hat aber noch einen weiteren, einen moralischen Grund: Niemand fügt seinem unmittelbaren Nachbarn, mit dem er gut bekannt ist, so leicht und unbekümmert Schaden zu, wie einem Wildfremden, der noch dazu weit entfernt lebt. Je größer und damit anonymer die Gesellschaften sind, desto geringer werden die Hemmungen, sich an fremdem Eigentum zu vergreifen. Auch den Erlass von Regeln zu fordern, die einen selbst nicht betreffen, fällt desto leichter, je weiter weg sich die darunter Leidenden befinden.

Freiheit hat mit Wahlmöglichkeiten zu tun. In geographisch großen Räumen mit einheitlichen Regeln können diese sehr stark beschränkt werden, ohne dass die Regierenden befürchten müssen, damit größere Fluchtbewegungen auszulösen. Denn die Bürger sind ja dazu gezwungen, unter Inkaufnahme hoher Kosten, weit fort zu ziehen, um ihnen zu entgehen. Die von linken Internationalisten erträumte zentrale Weltregierung würde daher das sichere Ende der letzten verbliebenen Reste an Freiheit bedeuten. Wer sich die bewahren wollte, wäre nach Etablierung eines „Weltstaates" dazu gezwungen, auf den Mond oder noch weiter weg zu flüchten. Die Kontrolle über ein möglichst großes Territorium ermöglicht es, den „totalen Staat" zu etablieren. Der die ganze Welt umspannende, zentral regierte Superstaat würde die zum Äußersten getriebene Form des von George Orwell in seinem Roman „1984" geschaffenen Staatswesens mit sich bringen. Ein Alptraum für freisinnige Zeitgenossen. Ein Garten Eden für die – demokratischen – Sozialisten in allen Parteien.

„Wir finden im menschlichen Herzen auch einen verderbten Gleichheitstrieb, der bewirkt, dass die Schwachen die Starken zu sich herunterziehen wollen und dass die Menschen die Gleichheit in der Knechtschaft der Ungleichheit in der Freiheit vorziehen."

Alexis de Tocqueville

Wie bereits ausgeführt, üben entsprechend gesetzte Anreize eine starke Wirkung auf das menschliche Verhalten aus. Eine Gesellschaft, die es jedem einzelnen ermöglicht, sein eigenes Glück zu suchen, wird nicht nur wirtschaftlich besser dastehen als eine, die diese Freiheit nicht kennt. Sie wird auch zufriedenere Mitglieder hervorbringen. Glück empfindet, wer selbst gewählte Ziele frei verfolgen darf und diese auch erreichen kann. Die im demokratischen Wohlfahrtsstaat verwirklichte Förderung des Anspruchsdenkens und die Bestrafung überdurchschnittlicher Leistungen führen dagegen nicht nur zu einer Verringerung der Produktion materieller Güter (und langfristig zur Verarmung), sondern auch zu einer Vergiftung der herrschenden Moral.

Wenn sich eine Gruppe von Menschen aus freien Stücken zusammenfindet, um das gemeinsame Ziel der Etablierung eines sozialistischen Gemeinwesens zu verwirklichen, so ist dagegen solange nichts einzuwenden, wie ihre Regeln nicht denjenigen aufgezwungen werden, die damit nicht einverstanden sind. Der Kibbuz kann als Prototyp eines sozialistischen Gemeinwesens angesehen werden, das nach außen keinen Absolutheitsanspruch stellt. Der Kibbuz bildet eine sozialistische Insel im (mehr oder weniger) marktwirtschaftlich organisierten Staat. Wer des dort herrschenden Egalitarismusses überdrüssig wird, kann ihm jederzeit den Rücken kehren. War diese spezielle Organisationsform des Zusammenlebens in der „Pionierzeit" Israels sehr erfolgreich (ein starkes „Wir-Gefühl" der aus Europa vertriebenen Immigranten bildete dafür eine hervorragende Basis), unterliegt die Kibbuzbewegung heute einer starken Erosion (wenn man von der Situation in den „besetzten Gebieten" im Westjordanland absieht, wo ein gefühlter Belagerungszustand herrscht).

Als Folge des von 1950 bis 1953 währenden Koreakrieges wurde das Land entlang des 38. Breitengrades geteilt. Ein Arrangement, das bis heute besteht. Bis zum Ende der 50er Jahre konnte der sozialistische Norden größere wirtschaftliche Erfolge verbuchen als der kapitalistische Süden. Dann erlahmte der revolutionäre Schwung der ersten Jahre, das Regime des „großen Führers“ Kim Il-sung versteinerte, und der Süden zog, nachdem er die grassierende Korruption eingedämmt hatte, unaufhaltsam davon. Heute ist Nordkorea (von seiner Atomrüstung abgesehen) eines der rückständigsten Länder der Welt. Südkorea dagegen prosperiert.

Kuba galt nach der Castro-Revolution viele Jahre lang als Inselparadies in der Karibik. Doch seit Jahrzehnten versuchen Jahr für Jahr Tausende von Kubanern unter Lebensgefahr, die Küste Floridas zu erreichen. Auf ihrer Fluchtroute herrscht keinerlei Gegenverkehr. Seltsam, dass viele aus diesem „Paradies“ flüchten, kaum einer aber dahin emigrieren will.

Alle drei Beispiele haben ein gemeinsames Muster: Für kurze Zeit scheinen sozialistische Gesellschaften die Fähigkeit zu haben, die dem Menschen angeborene Verfolgung des Eigennutzes zugunsten der Interessen eines Kollektivs zurückzudrängen. Ein gefährlicher, die Gemeinschaft bedrohender äußerer Feind, ein gemeinsames Projekt oder auch nur eine zündende Parole sind offensichtlich imstande, beachtliche Kräfte freizusetzen – wenn auch nicht dauerhaft.

Meist dauert es nicht lange, bis die Schwächen des kollektiven Wirtschaftens zutagetreten und zuerst die Motivation der Besten zerstören. Weshalb sollte einer sich, bei der Verfolgung des gemeinsamen Ziels, den Rücken krumm schuften oder seine Nerven strapazieren, wenn andere das nicht oder nicht mit annähernd gleicher Intensität tun? Die Trittbrettfahrerei, das Verstecken hinter den Anstrengungen anderer, ist das Krebsübel jeder kollektivistischen Organisationsform. Es kommt dort eben nicht darauf an, selbst etwas zu leisten. Das eigene Einkommen hängt davon nicht ab. Andere werden sich schon genügend ins Zeug legen. Oder aber es kommt zur langfristig zerstörerischen

„Übernutzung“ von im Kollektiveigentum stehenden Ressourcen: zum als „Tragödie der Allmende“ bekannten Phänomen.

„Mit anderen Worten, die Regierung ist ein Vermittler der Plünderung und jede Wahl ist eine Art von vorweggenommener Auktion gestohlener Güter.“

Henry Louis Mencken

Es ist kein Zufall, dass West- und Ostdeutschland sich wirtschaftlich so deutlich auseinanderentwickelt haben – bei annähernd gleichen Ausgangsbedingungen (ein Prozess, der selbst Jahrzehnte nach der Wiedervereinigung noch nicht annähernd ausgeglichen werden konnte). Zwei einfache Gleichungen erklären, warum:

Fähige Ingenieure + Privatkapital x Wettbewerb = Mercedes S-Klasse

Fähige Ingenieure + kooperative Gemeinwirtschaft = Trabant

Beides gefahren – kein Vergleich!

Politiker in der Wohlfahrtsdemokratie schwadronieren immer wieder davon, dass sie „Verantwortung übernehmen wollen“. Vielleicht meinen es einige davon sogar ernst damit (eher wohl nicht). Wenn es so ist, machen sie sich dabei offenbar nicht klar, dass sie – systembedingt (siehe zweites Kapitel) – niemals Verantwortung für ihre Handlungen tragen werden, jedenfalls nicht im zivilrechtlichen Sinn. Für ihre Fehlentscheidungen juristisch belangt werden können sie so gut wie nie. Die Verantwortung (und die Kosten) ihrer Handlungen tragen daher immer die Nettosteuerzahler. Was sie in Wahrheit meinen, ist, sich die Freiheit nehmen zu wollen, Entscheidungen auf Rechnung Dritter treffen zu dürfen. Das indes hat mit „Verantwortung“ in dem Sinn, wie sie jeden privatrechtlich Handelnden trifft, nicht das Geringste zu tun.

Zusammenfassung des Status quo

Recht, Haftung und Verantwortung bilden im demokratischen Sozialismus, wie er in der Massendemokratie verwirklicht ist, keine Einheit.

Die Kosten von Fehlentscheidungen der politischen Klasse werden „externalisiert". Sie sind von den Steuerzahlern zu tragen.

Politische Ämter, die mit keinerlei Verantwortung verbunden sind, üben große Anziehungskraft auf unqualifizierte und charakterlich fragwürdige Personen aus.

Die Ausweitung des Geltungsbereichs öffentlichen „Rechts" führt zur schrittweisen Abschaffung privaten Eigentums und damit der Freiheit.

Privates Eigentum in öffentliches zu transformieren heißt, jedermann von staatlichen Zuwendungen abhängig – und damit gefügig – zu machen.

Je größer der Geltungsbereich einer politischen Ordnung ist, desto strikter kann der Vollzug ihrer Regeln erfolgen – namentlich in steuerlicher Hinsicht.

Im Wohlfahrtsstaat versucht jeder, auf Kosten anderer zu leben.

Der demokratische Sozialismus zerstört jede Moral und führt zu einer Umwertung aller Werte.

Sozialistische Gemeinwesen neigen deshalb zur Selbstzerstörung.

„Eine Demokratie hat niemals längere Zeit Bestand. Sie verausgabt sich, begeht Selbstmord. Es hat noch nie eine Demokratie gegeben, die sich nicht letztlich selbst zur Strecke gebracht hätte."

John Quincy Adams

Behandlungsstrategie

Entscheidend für die Wahl einer Therapie für unsere seit vielen Jahren in der Krise befindlichen westlichen Gesellschaften ist die Frage, welche Rolle dem Staat künftig zukommen soll. Für radikale Linke besteht der einzige Fehler des sozialistischen Wohlfahrtsstaates darin, dass es noch immer nicht genug davon gibt. Sie sehnen sich nach dem „totalen Staat" – möglichst auf globaler Ebene.

Sozialdemokraten und „Konservative" meinen, mit Reformen innerhalb des Wohlfahrtsstaatssystems auszukommen. Allein durch organisatorische Maßnahmen und die Vermeidung von Streuverlusten sei die Effizienz der bestehenden Ordnung so weit zu verbessern, dass deren dauerhafter Bestand gesichert werden kann.

Die Handvoll verbliebener Liberaler setzt ihre Hoffnungen auf die „normative Kraft des Faktischen". Sie vertrauen darauf, dass das unbarmherzige Diktat der leeren Kassen schwarze, rote und grüne Sozialisten zur Rücknahme besonders kostenintensiver Teile des wohlfahrtsstaatlichen Irrsinns zwingen wird, und verweisen auf das Beispiel Schwedens zu Beginn der 1990er Jahre, als dort eine sozialdemokratisch geführte Regierung in genau diese Lage geraten war. In der Tat wurde damals ein namhafter „Sozialabbau" vorgenommen, um das Land vor der Zahlungsunfähigkeit zu bewahren und wieder kreditwürdig zu machen.

So viel zu den Rezepten der in den Parlamenten vertretenen Fraktionen.

Nun zur „außerparlamentarischen" Opposition: Libertäre „Minarchisten" wie Robert Nozick plädieren für einen Minimalstaat [11], der sich strikt auf Kernaufgaben wie Rechtsschutz und Sicherheitsproduktion beschränkt. Ein solcher Staat wäre mit geringem Aufwand zu finanzieren und böte seinen Bürgern ein Höchstmaß an Freiheit.

Radikale Libertäre, wie Rothbard und Hoppe, bestreiten, dass es eine Möglichkeit gibt, den Staat, ist er erst einmal etabliert, daran zu hindern, unaufhörlich zu wachsen. Sie bevorzugen daher eine rein privatrechtlich organisierte, staats- und herrschaftsfreie Ordnung.

Rezepte aus den schwarzen, roten und grünen Giftküchen haben uns nicht nur an den Rand des Staatsbankrotts (oder faktisch schon darüber hinaus) befördert, sondern auch jegliche Aussicht darauf zunichtegemacht, dass auf Basis der bestehenden Ordnung noch etwas zu retten ist. Da der Verursacher eines Problems in keinem Fall dazu taugt, es auch zu lösen, sind Reformideen aus diesen Ecken somit obsolet. Noch schlimmer sind lediglich die Konzepte der Ultralinken, die auf die Schaffung eines Polizeistaats von weltumspannendem Ausmaß abzielen. Es wäre pure Zeitverschwendung, darauf auch nur einen Gedanken zu verschwenden.

Was also ist zu tun? Utopische Gesellschaftsmodelle haben zweifellos ihren Reiz. Insbesondere romantisch veranlagte Träumer neigen dazu, in Vorstellungen von einer idealen Welt zu schwelgen, die mit der harten Realität unvereinbar sind. Etwa, weil sie den Typus eines Menschen zur Voraussetzung machen, der in freier Wildbahn nicht vorkommt und der bislang auch weder durch Zucht noch durch Gehirnwäsche und Umerziehung geschaffen werden konnte.

„Im Zeitalter der modernen Massendemokratie erweist sich der Staat als ein Zwangsinstrument, mit dem die Gewinnerkoalition die Verliererkoalition (den Rest der Bürger) ohne Gewaltanwendung ausbeuten kann. Ungebremst ist die Demokratie ein selbstzerstörendes System.“

Gerard Radnitzky

Allerdings kann eine Utopie, etwa die von einer staatsfreien Welt, gute Anregungen dafür liefern, in welcher Richtung gedacht werden sollte. Da wir in den zurückliegenden 100 Jahren ein beispielloses Staatswachstum erlebt haben und der demokratische Staat sich – egal, welche Parteien die Regierung stellen – als unfähig erwiesen hat, ausgeglichen zu wirtschaften, ist die Botschaft klar. Ohne die „Enteignung“ des Staates, ohne die Befreiung der Bürger von der drückenden Last seiner bürokratischen Misswirtschaft und ohne eine Renaissance des Zivilrechts ist eine Umkehr unmöglich. Wie weit das Rollback gehen soll, ist eine zweite Frage. Robert Nozick hat sich sehr intensiv mit dieser Frage auseinandergesetzt und gibt am Ende dem Minimalstaat den Vorzug vor der geordneten Anarchie. Indes kann auch ein so brillanter Kopf wie er nicht schlüssig erklären, wozu es eines Machtmonopolisten bedarf und wie verhindert werden könnte, dass ein Minimalstaat sich – wie bereits gesehen – ungebremst ausbreitet. Wenn am Ende der not tuenden „Entmächtigung“ des Staates also eine Privatrechtsgesellschaft steht – umso besser!

An dieser Stelle sollen aber keine theoretischen Sandkistenspiele erfolgen, sondern konkrete Vorschläge präsentiert werden, wodurch eine Wende bewerkstelligt werden könnte. Denn die unmittelbar drängende Frage ist die der Wahl des Mittels zum angepeilten Zweck.

So paradox es auf den ersten Blick auch scheinen mag: „Radikallibertäre“ und Marxisten (die ein „Absterben des Staates“ nach der Errichtung der Diktatur des Proletariats erwarten) streben dasselbe Fernziel an – eine staatsfreie Ordnung. Erstere allerdings ohne Terror, Genickschussbrigaden und Gulag. Kein kleiner Unterschied.

Welche Maßnahmen auch immer ergriffen werden: Sie müssen mit Rücksicht auf die bestehenden Verhältnisse vorgenommen werden. Tabula-rasa-Konzepte mögen bestechend erscheinen. Wenn ihre Umsetzung allerdings Leichenberge produziert – weil etwa Millionen auf den Bezug staatlicher Renten angewiesener Menschen plötzlich vor dem Nichts stehen –, sind sie mit dem libertären Nichtaggressionsprinzip unvereinbar (wenn damit nämlich Eingriffe in durch eigene Beitragszahlungen entstandene, rechtmäßige Ansprüche verbunden sind).

Hier zunächst ein Katalog von Maßnahmen, die zur Abwendung schlimmen Unheils von unserer Gesellschaft zu ergreifen sind – ohne Rücksicht darauf, dass das bei den derzeit herrschenden politischen Kräfteverhältnissen nicht möglich ist.

Da Schulden nicht verschwinden, nur weil eine politische Ordnung verändert wird, ist die Bewältigung der Verschuldungsproblematik von größter Bedeutung. Die Beseitigung der Ursachen der Staatsüberschuldung ist daher das vordringliche Anliegen. Die in der Folge präsentierte Liste von Einsparungsmöglichkeiten erhebt keinen Anspruch auf Vollständigkeit.

„Die beste und sicherste Tarnung ist immer noch die blanke und nackte Wahrheit. Die glaubt niemand!“

Max Frisch

Staatliches Rentensystem

Da insbesondere die „implizite“ Verschuldung Deutschlands und Österreichs rasant ansteigt (siehe Kapitel 5, Staatsverschuldung), bedarf es drastischer Maßnahmen, um diese Entwicklung zu stoppen: eines radikalen Umbaus des Pensionssystems – das heißt, des umfassenden Rückbaus der auf dem Umlageprinzip beruhenden „ersten Säule“ und zu dessen Finanzierung eines raschen Aufbaus eines Kapitalstocks (zur „Anschubfinanzierung“ könnten etwa Mittel eingesetzt werden, die aus dem Verkauf von Staatseigentum, wie Industriebeteiligungen und kommunalem Wohnraum und so weiter stammen), um möglichst rasch auf ein Kapitaldeckungsverfahren umzustellen. Dass so etwas möglich ist, wurde vor mehr als 30 Jahren in Chile bewiesen. Der seinerzeit amtierende Arbeitsminister José Piñera hat beispielhaft vorgeführt, wie ein derartiger Transfer ohne Verletzung bestehender Rechte erfolgreich umgesetzt werden kann. Nicht gezwungen zu sein, von der Hand in den Mund zu leben, sondern zur Altersversorgung auf einen Kapitalstock zurückgreifen zu können, macht zudem von hoheitlicher Willkür unabhängig.

Subventionen der öffentlichen Hand

Österreich ist Subventionsweltmeister. Ganze 25 Prozent des BIP (!) entfallen auf derartige Zuwendungen. Wer sich den jährlichen Subventionsbericht zu Gemüte führt, möchte gar nicht glauben, für welch skurrilen Unfug Steuermittel verbraten werden. Aber auch auf den ersten Blick sinnvoll erscheinende Zuschüsse könnten mit ruhigem Gewissen augenblicklich eingespart werden.

Allen voran die Landwirtschaftssubventionen. Sie führen zu einer Konservierung ineffizienter Strukturen – nicht nur in Mitteleuropa. Jede Subvention bedeutet einen Angriff auf den Markt – und damit auf die Wünsche der Konsumenten. Für die ist es letztlich nämlich absolut gleichgültig, ob ihr Brot aus ukrainischem, kanadischem oder deutschem Weizen gebacken wird. Wo eine Produktion zu konkurrenzfähigen Preisen nicht möglich ist, dort soll sie auch nicht erfolgen – zumindest nicht zu Lasten der Steuerzahler. Neuseeland ist das Paradebeispiel dafür, dass Landwirtschaft auch ohne Subventionen möglich ist.

Dem Einwand, dass die ihrer Zuschüsse beraubte, nationale Agrarwirtschaft einer subventionierten ausländischen Konkurrenz nicht standhalten könnte, stimmt nur bedingt. Gerade die für Deutschland und Österreich typischen, kleinen Betriebe könnten sich auf die Bedienung von Nachfragenischen im Qualitätssegment spezialisieren und dort überleben. Die das nicht schaffen, gehen unter – wie auch jedes andere nicht kostendeckend zu führende Unternehmen. Die durch Subventionen in anderen Ländern angeregte Überproduktion würde jedenfalls dazu führen, dass heimische Konsumenten sich künstlich niedrig gehaltener Preise landwirtschaftlicher Produkte erfreuen könnten. Die Angst, verhungern zu müssen, ist daher unbegründet. So lange zumindest, bis auch die Franzosen dahinterkommen, dass Landwirtschaftssubventionen auf eine kostenintensive Ressourcenvergeudung und einen Nettokapitalexport hinauslaufen.

„Alle Versuche, Reichtum umzuverteilen, enden in der Umverteilung von Armut.“

Roger Köppel

Kultursubventionen genießen sowohl bei Linken als auch bei Konservativen den Status einer heiligen Kuh. Für Linke ist der staatliche Kulturbetrieb eine ideologische Spielwiese. Die einstige rote Kulturstadträtin von Wien, Ursula Pasterk, stellte mit entwaffnender Offenheit klar: „Das Kulturressort ist ein Ideologieressort.“ Entsprechend werden die Mittel eingesetzt. Wer staatliche Theaterbühnen besucht, findet sich in Anstalten zur Verbreitung und zur Vertiefung linken Denkens. Die Sozialisten in allen Parteien haben derart erfolgreich gearbeitet, dass es heute ein Kunststück geworden ist, Kulturschaffende zu finden, die sich nicht dem Sozialismus verbunden fühlen.

Konservative sehen, anders als die Sozialisten, im Kulturbetrieb kein Vehikel zur Gesellschaftsveränderung. Sie legen vielmehr Wert auf die Pflege klassischer Musik und geben daher Unsummen zur Förderung von Opern- und Konzerthäusern und einschlägigen Kulturfestivals aus. Wieder wird damit gegen die Interessen der Steuerzahler gehandelt. Warum sollen 95 Prozent der Menschen, die nie ein Opernhaus von innen zu sehen bekommen, für eine kleine Minderheit den Preis ihrer Eintrittskarten subventionieren? Wem der Theaterbesuch ein Anliegen ist, ist auch bereit, einen kostendeckenden Preis für das Ticket zu bezahlen. Dass es möglich ist, selbst Hochkulturbetriebe auf höchstem Niveau zu bieten, ohne dafür den Steuerzahler bluten zu lassen, beweisen Bühnen in den USA und in Fernost.

Die Wohnungsbauförderung ist ein weiterer, viel Geld verschlingender Moloch. Wohnungsbauzuschüsse laufen zu einem nicht geringen Teil auf die Förderung der Bildung von Wohnungseigentum in der Hand des Mittelstandes hinaus. Ein Unfug, den sich der Mittelstand über den teuren Umweg einer undurchsichtigen Vergabepraxis selbst bezahlt. Weg damit! Ein freier Wohnungsmarkt ist der beste Garant für die Errichtung kostengünstiger Wohnbauten. Er liegt zuallererst im Interesse der Wohnungssuchenden.

Auf die Medienförderung entfallen zwar vergleichsweise kleinere Beträge. Die richten dafür aber umso größeren Schaden an. Da der Großteil der Journaille (nach eigener Einschätzung) deutlich links von der Mitte der Gesellschaft steht [12], bedeutet jeder hier vergebene Cent die weitere Verstärkung der mit einer starken linken Schlagseite versehenen, systematischen Desinformation der Gesellschaft.

Warum sollen die Nettosteuerzahler für die Förderung einer Berichterstattung zur Kasse gebeten werden, die ihren Interessen klar zuwiderläuft? Etwa indem sie sich zwar mit heiligem Eifer gegen Handlungen Privater stellt, die dem Staat ein Maximum an Einnahmen vorenthalten, während sie aber an der routinemäßigen Verschwendung öffentlicher Gelder selten etwas auszusetzen hat? Schlimmer noch: Davon, dass subventionsabhängige Berichterstatter pausenlos das Lied ihrer Gönner singen, kann jeder Zuschauer sich täglich überzeugen. Es ist geradezu ekelerregend, mit welcher Servilität etwa Fernsehjournalisten ihren an der Macht befindlichen Gönnern gegenübertreten. Medienförderungen verstärken die Symbiose zwischen Medien und Regierungen und stellen damit einen Anschlag auf den Meinungspluralismus dar.

Für elektronische Medien und die Presse haben dieselben Regeln zu gelten wie für alle anderen Güter- und Dienstleistungsproduzenten. Wer nicht gewinnbringend oder zumindest kostendeckend arbeitet, verschwindet vom Markt. Der Bürger verfügt heute über ausreichende Möglichkeiten, sich abseits der herkömmlichen Medien zu informieren. Ein Zeitungs- oder Sendersterben führt daher keineswegs zur geistigen Verelendung der Massen. Das Gegenteil ist richtig.

Die Liste derzeit gewährter Subventionen lässt sich über viele Seiten hin fortsetzen. Auf den Punkt gebracht: Was der Markt nicht trägt, mit dem Geld daran erwiesenermaßen nicht interessierter Menschen zu erhalten, bedeutet eine Rechtsverletzung. Daher: Schluss mit sämtlichen Subventionen!

„Da die Demokratie eine psychologisch, philosophisch und theologisch bedingte Ideologie ist, hat sie auch den Drang, in fast alle Lebensbezirke einzubrechen, denn Ideologien nehmen nun einmal Grundwahrheiten für sich in Anspruch, die allgemeingültig sein wollen und daher ein moralisches Anrecht auf Totalpräsenz verlangen. Hier sehen wir den pseudoreligiösen Charakter der Demokratie, der ein wichtiger Schlüssel zu ihrem Verständnis ist. Sie ist eben auch ein Religionsersatz.“

Erik von Kuehnelt-Leddihn

Das staatliche Gesundheitssystem (das mit der Bezeichnung „Krankheitsverwaltungssystem“ zutreffender beschrieben wäre) ist ein Milliardengrab. All seine „Stakeholder“ finden darin ihre Interessen gewahrt – mit Ausnahme der Zahler. Zersplitterte Zuständigkeiten, mangelhafte Planung, Überpersonalisierung und vor allem das Dogma, jedermann, ungeachtet seiner Beitragsleistungen, eine maximale Versorgung angedeihen lassen zu müssen, führen zur Verschwendung beträchtlicher Mittel. Auch hier gilt Milton Friedmans Wort: Es gibt kein freies Mittagessen. Das gilt auch für die Behandlung von Beinbrüchen und Hämorrhoiden. Wahlberechtigte sind auch imstande, zu entscheiden, ob sie eine Krankenversicherung abschließen oder nicht. Nichtversicherten, die ihre medizinischen Behandlungen nicht aus eigener Tasche bezahlen können, steht jederzeit der Weg zu karitativ tätigen Vereinen frei. Die vollständige Privatisierung sämtlicher staatlicher Gesundheitseinrichtungen würde bessere Leistungen zu niedrigeren Kosten bringen!

Das staatliche Schulsystem steht seit vielen Jahren im Mittelpunkt erbitterter Auseinandersetzungen. Eine Reform jagt die nächste. Ergebnis: Nie zuvor wurden weniger Schüler von mehr Lehrern mit schlechteren Resultaten und zu höheren Kosten zwangsbeschult. Das kann nicht überraschen. Die einzige tatsächlich zweckmäßige Reform wurde nämlich noch niemals erwogen: Die Totalprivatisierung des Schulwesens.

Wo unfähige Lehrer sich, dank des Beamtenstatus, vor jeder Sanktion sicher wissen; wo die Verwirklichung egalitärer Dogmen jede Leistung unterbindet; wo – den Ratschlüssen linker „Bildungsexperten“ folgend – zwar jede Menge Geld auf eine fruchtlose Beschäftigung mit den dümmsten Schülern verwandt wird, während für die Förderung der Besten so gut wie nichts getan wird, hilft nur noch ein Systemwechsel.

Ein differenziertes, breites Angebot führt in jedem Fall, gleich worum es geht, zum besten Ergebnis. Weshalb das nicht auch im Schulwesen der Fall sein sollte, liegt im Dunkeln. Aus welchem Grund also der zwangsweise verabreichte Einheitsbrei namens „Gesamtschule“ ein wünschenswertes Resultat – also gut auf ihr weiteres Leben vorbereitete Absolventen – hervorbringen sollte, ist schwer zu erklären.

Wenn Eltern die Möglichkeit geboten wird, sich frei für eine von vielen um Schüler konkurrierende Schulen entscheiden zu können; wenn diese Schulen von privaten Betreibern nach wirtschaftlichen Kriterien geführt werden; weshalb sollten nicht optimale Lernerfolge das Ergebnis sein? Bezeichnenderweise pflegen die politischen Eliten schon jetzt dem staatlichen Schulwesen nicht zu vertrauen. Sie schicken ihren Nachwuchs lieber in Privatschulen. Der Besuch von Privatschulen muss aber kein Privileg der Kinder von „reichen“ Haushalten sein. Die Vermittlung von Bildung ist eine Dienstleistung wie jede andere. Ein Wettbewerb auf der Angebotsseite würde auch in diesem Bereich für preiswerte Angebote sorgen, die zudem frei sind vom Ballast egalitärer Ideologie.

Die meisten Eltern sind bestrebt, ihren Kindern möglichst gute Startbedingungen ins Berufsleben zu verschaffen. Sie werden daher von einer Verbreiterung des Angebots profitieren. Ob ein Schulzwang mit einer freisinnigen Gesellschaft vereinbar ist, braucht nicht lange diskutiert zu werden. Selbstverständlich nicht. Daher weg mit der Schulpflicht! Dümmer als nach neun Jahren staatlicher Pflichtschule werden auch jene (wenigen) Kinder nicht sein, deren Eltern auf einen Schulbesuch ihrer Sprösslinge keinen Wert legen…

Öffentlicher Verkehr und kommunale Dienstleistungen sind notorische Defizitbringer. Weshalb es unmöglich sein sollte, einen Schienenverkehrsbetrieb kostendeckend anzubieten, will nicht einleuchten. Auch hier scheint der Umstand ausschlaggebend zu sein, dass für ihren Betrieb nicht wirtschaftliche, sondern politische Überlegungen überwiegen – zum Beispiel die Versorgung treuer Parteigänger mit stressfreien beruflichen Tätigkeiten. In Österreich steht die staatliche Bundesbahn nicht grundlos im Ruf, ein Mitarbeitersanatorium mit angeschlossenem Schienenbetrieb zu sein. Angesichts zurückgehender Marktanteile der Schiene am Gütertransport sinkt indes auch ihre volkswirtschaftliche Bedeutung. Schluss also mit der Beteiligung des Staates an dieser Art von Wirtschaftsbetrieben.

Kommunale Dienstleistungen, die nicht unter Marktbedingungen erbracht, sondern von den Kommunen zwangsweise verordnet werden, sind in der Regel gleichermaßen mangelhaft wie kostspielig. Dafür, dass Dienstleistungen wie Müllabfuhr oder Straßenreinigung von privaten Anbietern kostengünstiger erbracht werden können als von Ländern und Gemeinden, gibt es zahlreiche Beispiele. Da es sich dabei nicht um hoheitliche Aufgaben handelt, ist eine Privatisierung und damit die Entlastung der Steuerzahler jederzeit möglich.

Die Personalkosten für den öffentlichen Dienst wachsen deutlich schneller als das BIP. Kein Wunder bei einem „Föderalismus“, der darauf hinausläuft, diejenigen Länder zu begünstigen, die mit der expansivsten Personalpolitik aufwarten können. Wenn die Länder beispielsweise Lehrer einstellen dürfen, deren Gehälter der Bund zu bezahlen hat, gerät der Kostenfaktor leicht aus dem Blick. Der Finanzausgleich sorgt zuverlässig dafür, jegliche Sparanstrengungen der unteren Verwaltungsebenen zu unterbinden.

Gerade die Bildungselite drängt leider mit besonderer Vehemenz in Staatsanstellungen. Der Wiener Historiker Lothar Höbelt: „Wer in Österreich studiert hat, der will Beamter werden.“ Damit kommt es zu einem fatalen „Crowding out“: Viele fähige Köpfe, die in der Privatwirtschaft dringend gebraucht würden, erliegen den Verlockungen, die unproduktive, aber wohldotierte und bombensichere Anstellungen beim Großen Bruder bieten.

Dass alle bürokratischen Systeme dazu neigen, sich mit sich selbst zu beschäftigen und sogar bei Wegfall ihrer Geschäftsgrundlage munter weiterzulaufen, ist keine neue Erkenntnis. Es bedarf daher eines möglichst weitgehenden Kahlschlags bei den Staatsaufgaben: Niemand braucht Fußgänger- und Fahrradbeauftragte (die gibt es in Österreich tatsächlich!), Gender-, Gleichstellungs- und Antidiskriminierungswächter und so weiter. Kein Wirtschaftsbetrieb bricht wegen des Wegfalls der Staatsbürokratie zusammen – im Gegenteil. Die ersatzlose Abschaffung eines Ministeriums würde keinen akuten Schaden verursachen – außer den dort tätigen Pfründnern. Beamte beziehen – auf allen Qualifikationsebenen – höhere Einkommen als vergleichbar qualifizierte Angestellte in der Privatwirtschaft. Eine ebenso kostspielige wie unerträgliche Provokation der produktiv Tätigen.

„Warum braucht man einen Führerschein zum Autofahren, aber nicht, um wählen zu dürfen?“

Christian Ortner

Die Sorge, dass nach einer radikalen Redimensionierung der Staatsaufgaben plötzlich Zentausende zusätzliche Arbeitslose auf der Straße stehen werden, ist unbegründet. Die mit dem allgemeinen Wohlstand korrelierende kumulierte Wertschöpfung einer Volkswirtschaft beruht nämlich erstens nicht auf der Arbeit von Staatsagenten und korreliert zweitens nicht mit der Zahl der Arbeitsplätze. Die von sämtlichem Ballast befreiten Unternehmen würden vermutlich in einem Ausmaß wachsen, das eine alternative Beschäftigung arbeitslos gewordener Beamter problemlos zuließe. Die Situation würde der bei Einführung der Dampfmaschine ähneln. Auch damals hatten die in der Folge freigesetzten Arbeitskräfte – nach einer gewissen Übergangsphase – keine unlösbaren Probleme, neue Arbeit zu finden.

Übergangsfriktionen sind unvermeidliche Begleiterscheinungen jeden Fortschritts.

Schlusswort

Es ist eine „Grundtatsache aller Geschichte, dass das schließliche Resultat politischen Handelns oft, nein: geradezu regelmäßig, in völlig unadäquatem, oft in geradezu paradoxem Verhältnis zu seinem ursprünglichen Sinn steht“.

Max Weber

Mit dem vorliegenden Buch soll der Versuch unternommen werden, die unheilbaren Schwächen einer Form der Demokratie zu benennen, die auf dem Dogma der Gleichheit aller Menschen beruht und eine egalitäre Gesellschaft anstrebt. Wer dem besitzlosen Pöbel das volle Stimmrecht einräumt, kann nichts anderes erwarten, als dass der es zum Schaden der erfolgreichen und wohlhabenden Leistungsträger – und damit am Ende zu seinem eigenen Nachteil – einsetzen wird. „Wenn der Bettler auf‘s Pferd kommt, reitet er‘s zuschanden“ sagt der Volksmund und hat recht damit. Mit dem allgemeinen, gleichen Stimmrecht ist aber auch schon der Weg in den Abgrund beschritten, denn keiner gibt freiwillig ein einmal zuerkanntes Recht auf. Der Großteil der Sozialisten in allen Parteien würde mit der Rückkehr zu einem Zensuswahlrecht in der Sekunde seinen Platz am Futtertrog verlieren. Ehe das passieren wird, heiratet der Papst einen iranischen Ajatollah.

Solon war kein Idiot. Er wusste sehr genau, wozu es gut ist, Stimmen nicht nur zu zählen, sondern auch zu wiegen. Deshalb führte er in Athen ein Zensuswahlrecht ein. Ein solches Klassenwahlrecht stellt sicher, dass die materielle Umverteilung nicht zum Hauptzweck politischen Handelns wird. Nutzten die Angehörigen einer höheren Klasse ihre Macht zur Verringerung ihrer Steuerleistung, verloren sie an Einfluss. Steigerte ein Mitglied einer niedrigen Klasse seine Abgaben, gewann er Einfluss hinzu. Damit verbindet sich ein positiver Leistungsanreiz – und damit das genaue Gegenteil dessen, was der Status quo bietet.

Eine der größten Errungenschaften der westlichen Gesellschaften ist die mit Beginn der Neuzeit erreichte Überwindung der Statusgesellschaften. In der mittelalterlichen Welt blieb jeder sein Leben lang an dem Ort und in der Position, an die er mit seiner Geburt gestellt war. Mangelnde räumliche Mobilität und eine undurchdringliche Schichtung der Gesellschaft, gepaart mit strengen religiösen Regeln und Zunftordnungen, bedeuteten die Unterbindung jeder sozialen Mobilität. Die mit der Neuzeit einsetzende Auflösung dieser starren Gesellschaftsstrukturen machte die Gesellschaften durchlässig. Der durch Geburt erworbene Status wurde vom frei zu vereinbarenden Vertrag, die Status- von der Vertrags- oder Leistungsgesellschaft abgelöst. Damit war der Weg frei für eine ungeheure Zunahme des Wohlstandes.

Da Ungleichheit der Motor jedes Fortschritts ist, zieht jede Gleichmacherei, sowie die Wiedereinführung von Schicht-, Klassen-, Rassen-, Kasten- oder Geschlechterbarrieren, die Gesellschaft nach unten. Ihre Durchlässigkeit ist entscheidend für ihr Fortschrittspotential. Daher ist die Entstehung von Fortschritts- und Aufstiegshindernissen zu bekämpfen, die allein im Interesse bestimmter privilegierter Gruppen liegen.

Was wir in den demokratischen Wohlfahrtsstaaten jedoch seit Jahren erleben, ist der Drang einer über die Deutungshoheit gebietenden Minderheit, zur Statusgesellschaft zurückzukehren. Personalauswahl und Karriere nach Quote, nach der Zugehörigkeit zu einer bestimmten Gruppe. Qualifikation wird zunehmend unbedeutend. Politische Mandate, Führungspositionen in der Verwaltung, an Universitäten, ja sogar Vorstandsposten in privaten Unternehmen, dürfen inzwischen nicht mehr mit den besten Bewerbern besetzt werden. Vielmehr ist es mittlerweile von alles entscheidender Bedeutung, dass die Aspiranten weiblich sind.

Ist derzeit aber nur eine Quote für Frauen verbindlich, wird es schon morgen eine für Schwule und Körperbehinderte und übermorgen auch die für Muslime, Rothaarige, Diskuswerfer und Diabetiker sein. Der für Wohlfahrtsdemokratien kennzeichnende Niedergang der Vertragsfreiheit und deren Substitution durch staatlich verordnete Quoten werden dafür sorgen, dass angestrebte Karrieren in immer weniger Fällen möglich sind – wegen der Zugehörigkeit zu einer falschen Bewerbergruppe. Wir befinden uns auf dem Weg zurück in eine starre, leistungsfeindliche Statusgesellschaft.

Eines der Lieblingsprojekte des demokratischen Staates, eine konsequente Quotenpolitik, verringert daher nicht nur den mühsam errungenen Wohlstand, sondern ist auch eine eminente Bedrohung für die Freiheit. Denn als Tugendwächter und Garant für die Erfüllung von Quoten aller Art kommt niemand anders in Frage als der Gouvernantenstaat. Damit erhält dieser ein weiteres Stück Verfügungs- und Zwangsgewalt über die Bürger. Er kann dann – wie einst im Ostblock – auch über ihren beruflichen Werdegang bestimmen.

Wo aber finden hoheitliche Gebote ihre Grenzen? Gibt es die überhaupt? Wird demnächst schon eine am Wohlfahrtsausschuss der Französischen Revolution orientierte Gleichstellungs-, Quoten- und Antidiskriminierungsbehörde über die Auswahl des „richtigen" Ehe- oder Sexualpartners entscheiden? Zweifellos stellt doch die bisher geduldete Präferenz von Franz für Pauline eine flagrante Diskriminierung von Claudia, Maria und Brigitte dar (von Karl und Fritz ganz zu schweigen). Diese Missstände bedürfen doch, nach dem Willen der am Ruder befindlichen linken Spießer und professionellen Egalitaristen, endlich einer hoheitlichen Regelung!

„Wenn du dich weigerst, ungerechte Steuern zu zahlen, wird dein Eigentum konfisziert. Wenn du versuchst, dein Eigentum zu verteidigen, wirst du verhaftet. Wenn du dich der Verhaftung widersetzt, wirst du geprügelt. Wenn du dich gegen das Prügeln wehrst, wirst du erschossen. Dieses Verfahren ist bekannt als Rechtsstaatlichkeit."

Edward Abbey

Der zunehmende Regulierungsirrsinn treibt täglich neue Blüten. Zeitgleich nimmt die individuelle Freiheit, ausgedrückt durch den schwindenden Nettoertrag jeder Erwerbsarbeit, ab. Zu guter Letzt wird selbst der Arbeitssüchtigste es vorziehen, sich in den Park zu setzen, anstatt drei Viertel der Früchte seiner Arbeit beim Staat abzuliefern. Geht es weiter wie bisher, bricht entweder die Gesellschaft auseinander oder es kommt zu einer Revolte der Leistungsträger, zur Revolution der gebenden Hand, oder zum Unternehmerstreik, wie ihn Ayn Rand in ihrem Opus magnum „Atlas Shrugged“ beschrieben hat.

Es ist nicht in Stein gemeißelt, dass die Bürger es dauerhaft hinnehmen werden, von einem Klüngel linker Narren an der Nase herumgeführt zu werden. Die Sozialisten in allen Parteien sollten nicht voreilig ihren Endsieg bejubeln…

Wer in der Stadt regelmäßig öffentliche Verkehrsmittel benutzt, gelegentlich ein Fußballmatch besucht oder eine der zahlreichen Politikerdebatten oder Realityshows im Fernsehen verfolgt, kann es unmöglich für eine gute Idee halten, andere darüber abstimmen zu lassen, unter welchen Umständen man sein eigenes Leben zu führen hat. All das Pack, das man da zu sehen bekommt: stimmberechtigt. Es ist eine gefährliche Illusion, wenn der verantwortungsbewusste Bildungsbürger meint, dass er durch die Teilnahme an einer Wahl schließlich selbst mitbestimmen und so das Schlimmste abwenden könnte. Das kann einfach deshalb niemals gelingen, weil „die anderen“ stets mindestens über eine 90-Prozent-Mehrheit verfügen und ihn – lupenrein demokratisch, versteht sich – so schnell über den Tisch ziehen, dass er nicht einmal mehr dazu kommt, „Minderheitsrecht“ zu sagen.

Hier soll und kann kein jeden Lebensbereich im Detail umfassendes Gesamtbild einer Idealgesellschaft gezeichnet werden. Das wäre anmaßend. Diesen Versuch haben schon Klügere unternommen und am Ende auch keinen grünen Zeig gefunden. Die Zielrichtung indes ist klar: Der Staat ist so weit wie möglich seiner Fähigkeit zu entkleiden, gegen die Interessen der Bürger zu handeln. Genauer: Es geht zuallererst um die Interessen jener Leistungsträger, die ihn finanzieren. Besteht eine Gesellschaft nur aus Produzenten, kann sie bestehen. Eine aus lauter unproduktiven Sozialschmarotzern gebildete Gesellschaft dagegen nicht. Die nach Meinung hoffnungsloser Sozialromantiker „bedingungslos“ zu verteilenden Leistungen des Sozialstaates sind am Ende doch an eine Bedingung gebunden, die selten bis niemals zur Sprache kommt: Sie besteht im Vorhandensein von Zahlern, die Brot und Spiele finanzieren. Dem Wohlergehen dieser Bürger sollte daher größte Aufmerksamkeit zukommen. Das aber ist nicht der Fall – ganz im Gegenteil!

Letztlich gilt immer und überall, wo Menschen zusammenleben, Lord Dalberg-Actons Wort: „Macht korrumpiert, und absolute Macht korrumpiert absolut.“ Selbst Heilige würden verdorben, verfügten sie über zu viel Macht. Da die Macht nicht aus der Welt zu schaffen ist, muss nach Möglichkeiten gesucht werden, sie immerhin so weit wie möglich zu teilen und zu kontrollieren. Ein schwieriges Unterfangen, denn wer kontrolliert die Kontrolleure?

„Der Staat ist: eine von Banden von Mördern, Plünderern und Dieben geführte Institution, die von willigen Vollstreckern, Propagandisten, Kriechern, Betrügern, Lügnern, Clowns, Scharlatanen und nützlichen Idioten umgeben ist – eine Institution, die alles beschmutzt und verdirbt, was sie berührt.“

Hans-Hermann Hoppe

Das Dilemma besteht darin, dass diejenigen, die sich der Gefahren der Macht bewusst sind, sie nicht wollen. Sie fürchten nämlich, selbst der Verlockung nicht widerstehen zu können, sie zu missbrauchen. Von denjenigen aber, die sich um sie reißen, ist von vornherein klar, dass sie genau das tun werden. Machtmenschen sind – entgegen all ihren vor Wahlen routinemäßig abgegebenen Erklärungen – nicht daran interessiert, den Menschen zu dienen. Vielmehr geht es um den geilen Reiz, den ihnen die Herrschaft über andere verschafft. Wer je einen Politiker in einer schwachen Stunde unter vier Augen gesprochen hat, bekommt exakt dieses Bekenntnis zu hören.

Jede der Aufgaben, die Staat, Länder, Gemeinden und andere Körperschaften öffentlichen Rechts sich im Laufe der Zeit angemaßt haben, könnten jederzeit und ohne Nachteil für die Bürger wieder an private Produzenten und Dienstleister übertragen werden. Der verbleibende Rest, also Landesverteidigung, Polizei und Justiz, sind die Kernbereiche jenes Minimalstaates, den Ferdinand Lassalle einst verächtlich als „Nachwächterstaat" abgetan hat. Ob diese drei Aufgabenbereiche ebenfalls privatisiert werden sollen oder nicht (bei der Sicherheitsproduktion ist eine teilweise Privatisierung längst der Fall. Man denke dabei an immer mehr Aufgaben übernehmende private Wachdienste und Sicherheitsfirmen im Zivilbereich oder an militärische Dienstleister wie Academi, vormals Blackwater [13]), hängt von der Präferenz für Minimalstaat oder Privatrechtsgesellschaft ab.

Der demokratische Staat ist in vieler Hinsicht bedeutend gefährlicher als der monarchische. Sein unaufhörliches Wachstum kommt erst mit dem Untergang der von ihm beherrschten Gesellschaft zu einem Ende. Aus diesem und weiter oben bereits ausgeführten Gründen hält der Autor dieses Buches daher eine staatsfreie Privatrechtsgesellschaft für besser als einen Minimalstaat.

Mit dem im sechsten Kapitel präsentierten Katalog verhält es sich wie mit einem unbescheidenen Wunschbrief ans Christkind: Keiner der Wünsche wird in Erfüllung gehen – zumindest nicht in absehbarer Zeit. Kein einziger der genannten Punkte wird umgesetzt werden, solange für die Regierenden auch nur die geringste Aussicht darauf besteht, weiterwursteln zu können wie bisher. Solange die bestehende Ordnung nicht implodiert, werden die Kräfte der Beharrung und der Erstarrung obsiegen.

Über die Stabilität der demokratischen Mehrheitsdiktatur sollte man sich indes keinerlei Illusion hingeben. Auch die Machthaber und Bürger der Sowjetunion hätten deren Zusammenbruch nie für möglich gehalten – auch nicht wenige Wochen bevor es soweit war. Der Regierung, die alles kontrollieren will, entgleitet am Ende eben alles. Der sozialistische Wohlfahrtsstaat wird an einer Art von „imperialer Überdehnung“ im Inneren ebenso scheitern wie das Sowjetimperium letztlich an seiner Überdehnung nach außen (nicht zuletzt seines Afghanistan-Abenteuers wegen) gescheitert ist.

„Vollendete Demokratie ist der Untergang alles Guten. Ich zittre vor ihrer Ausbildung, nicht um Hab und Gutes willen, sondern weil sie uns in die Barbarei zurückwirft. Es ist der Fluch der Demokratie, dass sie ihre Verwüstungen in alle Gebiete des Lebens hineinträgt, Kirche, Haus und Familie am schwersten ergreift. Weil ich die Freiheit liebe, hasse ich die Demokratie.“

Johann Jakob Bachofen

Der vollständige Mangel an Einsicht in die Konsequenzen, die mit einer Mehrheitsdiktatur der Delegierten des Pöbels zwingend verbunden ist, erstickt jede Reform im Keim. Wer auch immer ein Programm präsentiert, das unter Hinweis auf die heilige Kuh der „sozialen Gerechtigkeit“ angreifbar ist (weil es etwa den Interessen der Sozialstaatsklienten zuwiderläuft), ist auf der Stelle politisch tot. Sperrklinkeneffekt! Die auf der Illusion der Mitbestimmung basierende Demokratie erscheint der breiten Masse einfach vorteilhafter als die individuell zu verantwortende Selbstbestimmung. Keine Aussicht auf Reformen also.

Wie John Derbyshire pessimistisch konstatiert: „Die Leute in der Regierung haben gewonnen: Spiel, Satz und Sieg.“ Und er beklagt, am Beispiel des 44. US-Präsidenten, dass Berufspolitiker, sofern sie überhaupt je in Privatbetrieben tätig waren, sich dabei fühlen, „wie hinter den Linien des Feindes“. [14] So sehen die Angehörigen der parasitär lebenden Politikerkaste diejenigen, denen sie ihr Einkommen und ihren Wohlstand verdanken: als Feinde. Das – genau das – sind die Führer, die unsere demokratische Ordnung hervorbringt: anmaßender, arbeitsscheuer Pöbel.

Die Überschuldung privater und öffentlicher Haushalte wird folglich weiter zunehmen – ebenso wie der Kapitalverzehr durch politisch befeuerten Konsum. Beschleunigt wird die verhängnisvolle Entwicklung durch den ungebremsten Zustrom von schlecht oder gar nicht ausgebildeten Zuwanderern in die ohnehin bereits überlasteten Sozialsysteme. Garniert mit Geburtenrückgang, steigender Kriminalität und wachsender Arbeitslosigkeit, ergibt sich ein wenig bekömmlicher Cocktail.

Pragmatische Zyniker setzen daher auf einen Systemkollaps – in der Hoffnung, danach würde sich breite Einsicht in eine nötige Neuorientierung einstellen. Dieser Glaube wird sich indes wohl als trügerisch erweisen.

Die bis zum letzten Weltkrieg geborenen Generationen haben noch gelernt, dass es möglich ist, bescheiden zu leben und mit geringen Mitteln auszukommen. Diese Menschen hatten – bedingt durch Hyperinflation oder Währungsreform – noch ein Gefühl für den Wert eines stabilen Geldwesens. Sie wussten, da der Vollkaskowohlfahrtsstaat noch nicht erfunden war, dass es auch eigener Anstrengungen und nicht nur an andere gerichteter Forderungen bedarf, um nicht in der Gosse zu landen. Von alldem ist heutzutage so gut wie nichts geblieben.

„Die Menschen sollten frei sein, zu tun, was immer sie wollen, solange sie nicht die Rechte anderer Personen verletzen."

Walter Block

Wie werden wohl Hunderttausende von auf den gegenleistungsfreien Bezug von Erwerbsersatzzahlungen konditionierte Sozialjunkies auf den Entzug ihrer Stütze reagieren, wenn der Staat bankrott ist und die Überweisung vom Sozialamt ausbleibt? Wie werden Menschen, die mit einem Fiat-Money-System aufgewachsen und ans Zahlen mit Plastikgeld gewöhnt sind, darauf reagieren, wenn das Finanzwesen kollabiert und die

Geldautomaten nichts mehr ausspucken? Was wird passieren, wenn nach dem Finanzcrash die Supermärkte (zumindest zeitweise) leer bleiben werden und kaum einer über Lebensmittelreserven für ein paar Tage verfügt?

Die politischen Eliten Europas sind vergleichbar mit einer Truppe von Zirkusartisten, die auf immer höher gespannten Drahtseilen mit immer kleineren Netzen darunter tanzt. So erstaunlich es – zugegeben – auch ist, wie lange diese Darbietung schon gut geht: Eines Tages, so viel ist klar, wird der Absturz folgen. Und er wird desto dramatischer ausfallen, je später es dazu kommt. Eine Kristallkugel, die eine Bestimmung dieses Zeitpunkts möglich machen würde, ist leider nicht greifbar.

Die Phantasie von Otto Normalverbraucher dürfte jedenfalls kaum ausreichen, um sich das dann folgende Szenario in allen Facetten auszumalen. Etwas Derartiges ist eben einfach noch nie dagewesen – jedenfalls nicht in Europa während der zurückliegenden Jahrzehnte. Vielleicht wird Griechenland (nach der im Januar 2015 geschlagenen Wahl, bei der ein linkspopulistisches Bündnis einen erdrutschartigen Sieg eingefahren hat) ein gutes Modell für die schon bald in ganz Europa drohenden Verhältnisse abgeben? Kommt es zu einem „Dominoeffekt"? Werden wir auch bei den im Herbst 2015 anstehenden Wahlen in Spanien und Portugal linksradikale Sieger sehen, denen ums Geld der Deutschen nichts zu teuer ist?

Derzeit bietet sich wenig Anlass, unbeschwert in die Zukunft zu blicken. Unverbesserliche Optimisten pflegen in einer solchen Lage in Gold zu investieren. Pessimisten dagegen geben eher einem einbruchsicheren Heim und einem größeren Vorrat an Konserven den Vorzug – und sie halten ihr Pulver trocken…

Anmerkungen

[1] Alexis de Tocqueville: „Über die Demokratie in Amerika“ 13
[2] Lysander Spooner: „No Treason”,
http://praxeology.net/LS-NT-0.htm 20
[3] Paul Edward Gottfried: „Multiculturalism and the Politics of Guilt“ 22
[4] Christoph Braunschweig: „Die demokratische Krankheit“ 24
[5] Frédéric Bastiat: „Der Staat – Die Große Fiktion“ 64
[6] John Locke: „Zweite Abhandlung über die Regierung“ 77
[7] Thomas J. Dilorenzo: „Hamiltons Curse” 80
[8] http://www.staatsschulden.at/ 81
[9] Sahra Wagenknecht: „Freiheit statt Kapitalismus“ 102
[10] Heritage Foundation: „2015 Index of Economic Freedom“,
http://www.heritage.org/index/about 105
[11] Robert Nozick: „Anarchie, Staat, Utopia“ 110
[12] http://www.medienimpulse.at/articles/view/214 116
[13] Thomas Eppacher: „Private Sicherheits- und Militärfirmen“ 127
[14] John Derbyshire: „We Are Doomed” 128

Verwendete Literatur

Frédéric Bastiat: „Der Staat – Die große Fiktion“, 1848, Nachdruck Ott-Verlag, Bern 2001.

Christoph Braunschweig: „Die demokratische Krankheit“, Olzog, München 2012.

John Derbyshire: „We Are Doomed“, Crown Forum, New York 2010.

Thomas J. Dilorenzo: „Hamilton‘s Curse”, Three Rivers Press, New York 2008.

Thomas Eppacher: „Private Sicherheits- und Militärfirmen“, Lit Verlag, Münster 2012.

Joachim Fernau: „Rosen für Apoll“, 1961, 12. Aufl. Ullstein, Berlin 2010.

Carlos Gebauer: „Rettet Europa vor der EU“, FinanzBuch Verlag, München 2014.

Paul Edward Gottfried: „Multiculturalism and the Politics of Guilt”, University of Missouri Press, Columbia 2002.

Alan Greenspan: „Gold und wirtschaftliche Freiheit“ 1966, http://docs.mises.de/Greenspan/Greenspan_Gold.pdf.

Gerd Habermann: „Der Wohlfahrtsstaat“, FinanzBuch Verlag, München 2013.

Friedrich August von Hayek: „Der Weg zur Knechtschaft“, 1944, Olzog, München 2003.

Friedrich August von Hayek: „Die Verfassung der Freiheit“, 1960, 3. dt. Aufl. Mohr Siebeck, Tübingen 1991.

Gregor Hochreiter: „Krankes Geld – Kranke Welt“, Resch-Verlag, Gräfelfing 2010.

Hans-Hermann Hoppe: „Demokratie. Der Gott, der keiner ist“, 2001, 2. dt. Aufl. Manuscriptum, Waltrop 2003.

Hans-Hermann Hoppe: „Der Wettbewerb der Gauner“, Holzinger, Berlin 2012.

Guido Hülsmann: „Die Ethik der Geldproduktion“, Manuscriptum, Waltrop 2007.

Bertrand de Jouvenel: „Über die Staatsgewalt. Die Naturgeschichte ihres Wachstums“, 1945, Verlag Rombach, Freiburg/Breisgau 1972.

Frank Karsten, Karel Beckman: „Wenn die Demokratie zusammenbricht“ FinanzBuch Verlag, München 2012.

Erik von Kuehnelt-Leddihn: „Demokratie – eine Analyse“, Stocker Verlag, Graz 1996.

John Locke: „Zweite Abhandlung über die Regierung“, 1689, 2. dt. Aufl. Suhrkamp, Frankfurt/M. 2008.

Niccolò Machiavelli: „Der Fürst“, 1532, Nikol Verlag, Hamburg 2009.

Ludwig von Mises: „Liberalismus“, 1927, Academia Verlag, 4. Aufl. Sankt Augustin 2006

Ludwig von Mises: „Theorie des Geldes und der Umlaufsmittel“, 1912, 2. Aufl. 1924, Duncker & Humblot, Berlin 2005.

Robert Nozick: „Anarchie – Staat – Utopia“, 1974, Lau Verlag, Reinbek 2011.

Franz Oppenheimer: „Der Staat“, 1909, 3. Aufl. 1929, Libertad Verlag, Potsdam, 5. Aufl. 1990.

Christian Ortner: „Prolokratie“, edition a, 7. Aufl. Wien 2012.

Thomas Piketty: „Das Kapital im 21. Jahrhundert“, C.H. Beck, München 2014.

Thorsten Polleit, Michael von Prollius: „Geldreform“, FinanzBuch Verlag, München 2014.

Karl Popper: „Die offene Gesellschaft und ihre Feinde“, 1945, Mohr Siebeck, 8. Aufl. 2003.

Ayn Rand: „Atlas Shrugged“, 1957, dt. „Der Streik“, Verlag Kai M. John, München 2012.

Adam Smith: „Der Wohlstand der Nationen“, 1776, Zweitausendeins, Frankfurt/M. 2009.

Lysander Spooner: „No Treason. The Constitution of No Authority“, 1870, dt.: „Kein Landesverrat: die Verfassung besitzt keine Autorität”, Edition Anares, Hilterfingen 2004.

Rahim Taghizadegan: „Wirtschaft wirklich verstehen“, FinanzBuch Verlag, München 2011.

Alexis de Tocqueville: „Über die Demokratie in Amerika“, 1835, Reclam, Stuttgart 1986.

Sahra Wagenknecht: „Freiheit statt Kapitalismus“, dtv, München 2013.

Max Weber: „Politik als Beruf", 1919, Anaconda Verlag, Köln 2014.

Register der verwendeten Zitate

eigentüm

Eigentum

und Recht

und Freiheit

lich frei